古典新读

愛憎の詩人を超えて

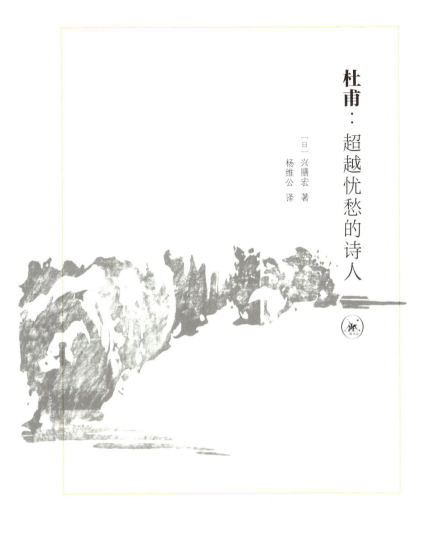

杜甫：超越忧愁的诗人

〔日〕兴膳宏 著
杨维公 译

Simplified Chinese Copyright © 2022 by SDX Joint Publishing Company.
All Rights Reserved.
本作品简体中文版权由生活·读书·新知三联书店所有。
未经许可，不得翻印。

TOHO: YUSHU NO SHIJIN O KOETE by Hiroshi Kozen
© 2009 by Hiroshi Kozen
Originally published in 2009 by Iwanami Shoten, Publishers, Tokyo. This simplified Chinese edition published 2022
by SDX Joint Publishing Co., Ltd., Beijing
by arrangement with Iwanami Shoten, Publishers, Tokyo

图书在版编目（CIP）数据

杜甫：超越忧愁的诗人／（日）兴膳宏著；杨维公译.—北京：生活·读书·新知三联书店，2022.1
（古典新读）
ISBN 978-7-108-07262-7

Ⅰ.①杜… Ⅱ.①兴… ②杨… Ⅲ.①杜甫（712-770）-传记 Ⅳ.① K825.6

中国版本图书馆 CIP 数据核字（2021）第 175222 号

责任编辑　赵庆丰
装帧设计　薛　宇
责任校对　陈　明
责任印制　张雅丽
出版发行　生活·讀書·新知三联书店
　　　　　（北京市东城区美术馆东街 22 号　100010）
网　　址　www.sdxjpc.com
图　　字　01-2018-0327
经　　销　新华书店
印　　刷　河北鹏润印刷有限公司
版　　次　2022 年 1 月北京第 1 版
　　　　　2022 年 1 月北京第 1 次印刷
开　　本　850 毫米 × 1168 毫米　1/32　印张 6
字　　数　122 千字
印　　数　0,001-6,000 册
定　　价　39.00 元
（印装查询：01064002715；邮购查询：01084010542）

海北友松(1533-1615)《饮中八仙图屏风》
六曲一只,庆长七年(1602)绘制。题材取自于杜甫的《饮中八仙歌》,该诗以饱含幽默的文字吟咏了"醉酒八仙人"的醉态。因为这扇屏风只描绘了其中四位酒仙,学者认为本来应该还有与之相对应的另一扇屏风。关于《饮中八仙歌》,参照本书第三章内容。(重要文化财,京都国立博物馆藏)

目　次

第一部分　书籍的旅程
通往杜甫的道路

序　章　中国诗歌史上的杜甫　　/ 3
第一章　杜甫的今体诗　　/ 8
第二章　杜甫的古体诗　　/ 29

第二部分　畅游作品世界
探寻杜甫的诗境

第三章　醉酒赞歌　　/ 53
第四章　残酷的战争　　/ 68
第五章　战乱中——离别与再会　　/ 79
第六章　曲江畔　　/ 92
第七章　漂泊伊始——秦州、同谷至成都　　/ 102

第八章　致李白　/ 113

第九章　成都草堂的平安　/ 124

第十章　旅程的终点……　/ 142

结　语　/ 161

参考文献　/ 164

诗题目录　/ 172

杜甫年谱　/ 174

杜甫相关地图　/ 184

长安城图　/ 185

城南名胜古迹图　/ 186

中国王朝名一览　/ 187

第一部分

书籍的旅程　通往杜甫的道路

序章 | 中国诗歌史上的杜甫

杜甫（712—770），常被称为"诗圣"，定位是历代诗人的最高峰。"诗圣"，意为诗界之圣人，亦即最完美的诗人。此称呼虽然出现于明代以后，但直到现在，视杜甫为古今最杰出诗人之评价依然毫无动摇。

对杜甫的高度评价绝不是一直如此的。在杜甫在世以及他死后不久的时代，人们对他的评价并不高。作为同时代的诗人，杜甫得到的评价远不及李白和王维。现存的几种"唐人选唐诗"——唐代人编纂的唐诗选集中，都只收录了寥寥几首杜甫的诗。对杜甫的评价是在他去世三百年以后的北宋才开始提高的。至此，杜甫渐渐被奉为集汉魏六朝以来诗歌之大成的诗人，开始受到人们的尊敬。

杜甫在集过往诗歌之大成、开创卓越诗境的意义上的确是伟大的。在为宋代以来的诗歌开创了全新的可能性的意义上，杜甫在中国诗歌史上亦发挥了重大的作用。换言之，杜甫率先掌握了宋诗的意趣。特别是紧密贴合日常生活、阐述细腻生活感情的宋诗之诗境，有很大一部分都得益于杜甫。可以说，杜甫为后世诗歌指明了前进的方向。正因为如此，从后世的角度来看，杜甫的形象比其他任何诗人都显得更为高大。

杜甫比其他诗人更为优秀的另一点理由在于，在杜甫的一生中，他的诗歌经历了不断的变革和成长。一般来说，诗人在习作期过后，诗风一旦形成，便往往会持续一生。虽然杜甫三十岁以前的诗并没有流传下来，但现存的杜诗表明，通过人生各个时期的种种经历，他的诗风在不断发生变化。并且，不仅局限于单纯的变化，杜甫各个时期的诗歌都开创了新的诗境，增加了杜诗的魅力。不得不承认，纵观漫长的中国诗歌史，此类诗人亦是十分罕见的。

另外，杜甫有着"忧愁的一生"，常常作为"忧愁的诗人"被探讨。从整体上看，他的诗歌确实带有浓厚的忧愁色彩，然而仅凭这种先入为主的观念来概括杜诗的话，则明显会对事实产生误认。在杜甫身上可以看到大量与忧愁完全相反的幽默精神。他的情感的振幅大到远远超出我们的想象。只有彻底深入了解杜诗的真实情况后，才能说真正理解了杜甫的文学。

如果把杜甫的诗定位于集唐以前诗歌之大成的话，首先就有必要追溯中国诗歌史的发展来探寻这一定位的内在含义。循着这一线索，我们先来看看杜甫诗与诗型之间的关系吧。

中国的古典诗歌，亦即所谓的汉诗，每一句的字数可能是四字、五字、六字或七字，分别称四言、五言、六言、七言。"言"，此处意为文字。汉语的一个字必然占有一个音节，因此这同时意味着其音节数分别为四、五、六或七。并不是说不存在少于四言的三言句或多于七言的八言、九言句,而是这些句子并不会组合在一起形成一首诗,只是起到辅助作用而已。

最早产生的是以四言为基调的诗——即所谓的四言诗,这就是被认为由孔子编纂的《诗经》三百零五篇。从中文的角度来讲,两个汉字(两个音节)构成一个单元是最自然的形式,所以当然会首先出现〇〇/〇〇的节奏。中国的书面语中多见四字句亦是其一种表现。但是,当〇〇/〇〇的节奏无止境地重复时,难免会令人感到单调乏味。虽然四言诗在汉魏以后仍然有所创作,但不过是一种旁支的诗型。另外,六言诗的形式虽然存在,但终归只是一种特殊的诗型,作品的数量亦不多。

取代四言诗而迅速兴起的是以〇〇/〇〇〇为节奏的五言诗。其2+3的节奏前轻后重。从诗歌节奏的角度来说,通过增加一个音节,可以给人带来一种轻快且富有流动性的听觉印象。

一般认为,五言诗作为独立诗篇出现是在西汉末年至东汉初年。初期的五言诗作者不详,以"古诗"之名流传,其中有名的作品则是收录在《文选》中的《古诗十九首》。3世纪初东汉末年的建安年间(196—220)至三国魏时期,曹操、曹丕父子及其麾下的文人们爱好五言诗,通过这些文人之手,五言诗在内容上变得更加充实。建安的诗人们常常齐聚一堂,使用五言诗这一共通的形式竞相作诗。可以说,五言诗正是通过他们的切磋琢磨被打磨成了一种更高层次的文学形式。

从三国魏开始的六朝时代——或称魏晋南北朝时期的四百年

间，作为抒情诗的五言诗被增添了更多的可能性，诗人们在韵律和对偶等表达技巧上用功钻研，使其逐渐成长为一种稳定的诗型，为其能在唐诗中绽放璀璨花朵而打下坚实基础。到唐诗时代所确立的今体诗（定型诗）和古体诗（非定型诗）诗型的母体，正是在六朝时代花费了很长的时间才酝酿出来的。

有意识地在诗歌韵律方面下功夫的行为始于3世纪末的诗人陆机（261—303）。而到了5世纪末的南齐时代，汉语语音内在的声调作为"四声"开始被人们认知。四声，指平、上、去、入四个声调（tone），当时的诗人开始尝试将四声按照一定的规则进行组合，从而使诗歌的韵律更为和谐舒畅。沈约（441—513）和谢朓（464—499）为其先驱。按照沈约的说法，四种声调的组合应当遵从"若前有浮声（轻音），则后须切响（重音）。一简之内，音韵尽殊；两句之中，轻重悉异"（《宋书·谢灵运传论》）的规则。

"四声八病"说使沈约的主张更为具体化。"八病"，指的是在进行声调组合时不可触犯的八种禁忌（空海编纂的《文镜秘府论》中有详细说明）。"八病"是极为烦琐的规则，存在着过分拘泥于形式层面的制约而易使诗歌内容空洞的弊害。然而，随着时代的发展，将四声分为平声（轻音）和仄声（重音，其他三声的总称）的观念渐被接受，至唐代，将其运用在诗歌创作中的今体诗之诗型开始崭露头角。可以说，唐诗正是伴随着此四声论的确立才得以绽放出璀璨花朵的。

七言诗的出现晚于五言诗，始于六朝后期。它是在五言句前加上两个字形成〇〇／〇〇／〇〇〇的句式，与五言诗相反，形成了一个前重后轻的节奏。七言诗特色在于，它有着比五言诗更为平滑且富有流动感的音效。七言诗到了唐代亦实现了飞速的成长，与五言诗一起作为两大主流形式得以确立。可以说，此后的中国诗歌史就是由五言诗和七言诗构成的。

今体诗（亦称近体诗）包括由八句构成的律诗（其至有由十句以上句子构成的排律）和由四句构成的绝句。六朝以来，以宫廷和贵族的沙龙为中心，作为即兴的寄托情感的诗型逐渐成形，至唐代，五言和七言均作为独立的诗型得以确立。另外，古体诗随着今体诗的成形而增添了其独特的可能性，充分运用其在韵律等形式上的制约较少之特点，自由融入思想和情感，开拓了与以往的古体诗所不同的新领域。富有即兴式抒情性的今体诗和拥有出色描写能力的古体诗相互支撑、相互补充，形成了丰富的唐诗世界。

以上是对中国的诗型确立之前的历史的一个粗略概观。若将唐代成立的诗型分类进行图示的话，可以用下图来表示：

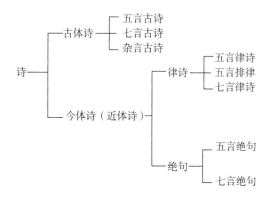

第一章 | 杜甫的今体诗

（一）五言律诗

杜甫的诗现存一千四百余首，而其中有一千余首今体诗和大约四百首古体诗。今体诗中无论五言或七言，律诗均占大多数，而绝句很少。特别令人注意的是，杜甫五言绝句的数目尤其少，此与李白的诗中绝句占多数的情况形成了鲜明对比。律诗中，五言律诗贯穿杜甫的一生始终，多有创作，而七言律诗在早期作品中较少，后来杜甫才渐渐对这种形式注入热情，到了晚年，留下了不少在内容和形式方面均十分充实的作品。

五言律诗承载了六朝人在创意方面所下的各种功夫，至初唐，其形式基本得以确立。这一时期的诗人与六朝时代相同，以宫廷或贵族的沙龙为主要的作诗场合，在诗宴上按照一定的规则竞相作诗。此时，五言诗占据了他们所使用诗型的几乎全部。对于杜甫来说尤其具有重要意义的是，他的祖父杜审言（645？—708？）作为一名宫廷诗人，为五言律诗的发展做出了巨大贡献。

杜审言活跃在武后（684—704年在位）时代。他自恃才能甚高，总是做出种种傲慢举动，令周围的人敬而远之。有故事称他曾经豪言："吾文章当得屈、宋作衙官，吾笔当得王羲之北面。"其诗在《全唐诗》中存43首，五言律诗占多数。当然，其中多为诗宴之作。杜甫出生时，祖父杜审言已经离世，杜甫的作品中亦完全没有提到过自己祖父的事迹，但是杜甫一定认识到了五言律诗是自己家族传统的诗型。

杜甫创作的场合与祖父不同，已经远离了宫廷。这说明诗作已从宫廷这一被局限的场所扩大到了更为广阔的空间。在使用作为社交工具而发展起来的五言律诗这一诗型的同时，杜甫做出了新的尝试。为了明确这一点，接下来举杜甫早期的五律《房兵曹胡马》为例进行说明。此诗被认为是杜甫三十岁出头时的作品。

房兵曹胡马

胡马大宛名，锋棱瘦骨成。
竹批双耳峻，风入四蹄轻。
所向无空阔，真堪托死生。
骁腾有如此，万里可横行。

此诗是为一位姓"房"、官至兵曹参军事的人物所拥有的"胡马"——即外国产的马——所题之诗，为所谓的咏物诗（关于咏物诗参见第12页）。马是官吏的坐骑，拥有外国产的马可以说比如今拥有进口车更令人羡慕。杜甫似乎对马抱有异常强烈的兴趣，此后亦常常创作以马为主题的诗。

"大宛"，国名，位于今乌兹别克斯坦共和国费尔干纳地区，以盛产名马而闻名，汉武帝（前141—前87年在位）首次引进大宛马一事广为人知。"锋棱"，刀锋般锐利貌。"瘦骨"，紧致的身躯。"成"，完成。"竹批"句，两耳如斜削的竹子般耸立貌，与"瘦骨"同为名马之相。"风入"句，四蹄似腾风般轻盈奔跑貌。此句在表达方法上尤为出色。

"空阔"，空间，马所向之处的空间都被其征服而化为虚无。此为辅音相同的双声词。"托死生"，乘马者将生死托付于马。此亦为双声词。"骁腾"，骏马健壮貌。"横行"，随心所欲地奔驰。马的主人位居兵曹参军事，是个与军事活动相关的人物，亦当与驰骋"万里"之外的意象有所关联。

杜甫应当是即兴写下此诗，送给了马主人房某。诗中生动地描写了马的情态，给人一种马似乎就要从诗中跳出来的跃动感。其中包含着杜甫仔细观察作为对象的马，将其姿态以文字为媒介尽可能忠实描绘出来的心思，有一种类似优秀画家的素描作品之意趣。

律诗有一些固定的规矩。首先，偶数句末要押韵，不过这一点在古体诗中亦是相同的。只是律诗的押韵仅限于平声（轻音），原则上不能以仄声（重音）押韵。此诗起句（第一句）亦入韵，韵字为"名""成""轻""生""行"。

各句中每二字或每三字交换一次平仄。尤其是第二字和第四字的平仄必须相反。此称"二四不同"。下面，将此诗的平声用○、仄声用●表示如下（◎为韵字）：

```
1  胡马大宛名  ○●●○◎ ┐
2  锋棱瘦骨成  ○○●●◎ ┘──首联
3  竹批双耳峻  ●○○●● ┐
4  风入四蹄轻  ○●●○◎ ┘──颔联
5  所向无空阔  ●●○○● ┐
6  真堪托死生  ○○●●◎ ┘──颈联
7  骁腾有如此  ○○●○● ┐
8  万里可横行  ●●●○◎ ┘──尾联
```

正如这首诗，律诗第二字为仄声字开头的形式称"仄起式"，而平声字开头的形式则称"平起式"。一般认为仄起式为正格，亦即普遍的形式，而平起式为变格。

中国的诗一般以二句一联为一个单位。并且，相邻两联的前后两句，即2和3、4和5、6和7各句的第二字与第四字平仄必须相同。就此诗来说，第二字当为"仄平平仄/仄平平仄"，第四字当为"平仄仄平/平仄仄平"。此称"粘法"，是必须遵守的规则。如果违背了粘法，就叫"失粘"，被认为是不合格律的。但此诗第七句"骁腾有如此"本来应当是"平平仄仄仄"，却成了"平平仄平仄"。此类后三字本应为"平仄仄"却变为"仄平仄"的现象很常见，作为例外是可以被允许的。所以，这并不算失粘。

此外,中间的第二联(颔联)和第三联(颈联)必须由对偶句式构成。就此诗来说,"竹批—双耳—峻,风入—四蹄—轻"和"所向—无—空阔,真堪—托—死生",相邻的词语和词语之间以严密的左右对称结构排列。首联和尾联亦可采用对偶结构,但并非必需条件。四联都由对偶句式构成的诗反而不多,特别是尾联通常会有意识地避开对偶句式,因为过多使用对偶句式的话,诗歌整体就会有单调之嫌。

上面仅就有关律诗形式的方面扼要介绍了极为原则性的内容。特别是在押韵方法上,为避免烦琐,仅做了简略说明。此类律诗的形式是经历了很长一段时间逐渐形成的,可以说直到杜甫在世的盛唐时期,上述形式才得以确立。无须赘言,杜甫自身亦是为律诗形式的确立做出了巨大贡献的人物。

正如此诗,一般以一个具体事物为对象描写其样态的诗称为"咏物诗",自六朝后期以来多有创作。并且,咏物诗多采用五言八句的形式。杜甫的诗当然亦位于这一传统的延长线上。接下来介绍一首比杜甫早二百余年的梁元帝萧绎(508—555)所作的《后园看骑马》:

> 良马出兰池,连翩驱桂枝。
> 鸣珂随局驶,轻尘逐影移。
> 香来知骤近,汗敛觉风吹。
> 遥望黄金络,悬识幽并儿。

这是一首在宫中马场看人骑马的诗。此诗巧妙地描写了马和人融为一体奔驰的场景。末句"幽并儿",指北方健壮的猛士。此诗中间二联已由对偶句式构成,早于唐代的五言律诗,这一点亦十分引人注目。然而,从整体的印象上看,此诗无法令人感受到杜甫诗中的那种马的紧绷的生命力和跃动感。

吉川幸次郎在《杜甫私记》(1950)中,将此诗与杜甫之前武后时代的宫廷诗人李峤(644—713)之咏物诗《百咏》中的一首《马》进行对比,论述称:"李峤的诗中所咏的是抽象的马的概念,并不是特定的一匹马。'御史骢''穆天子'等与马相关的词语不过是被巧妙地串联在了一起而已。或许没有李峤此诗极端,杜甫之前的诗多少都存在这种倾向。杜甫的写生描写是史无前例的。"

中国的美学术语中存在"形似"一词。这是一个用来称赞描绘某一事物时如实地把握了对象姿态的词语,而表达比其更高一个层次的称赞时使用的词语为"神似"——不仅写实地描绘了事物的姿态,更传达了其内在精神。《房兵曹胡马》诗中杜甫的写实正以"神似"为目标。

杜甫习作期的诗中还有其他与此意趣相同的诗歌。其中有一首以画中之鹰为题的五言律诗《画鹰》。前人曾使用绘画中的素描作为比喻,而此诗正把关注点放在了与画中之鹰的"神似"之上。此诗被推定为与《房兵曹胡马》约为同一时期的作品,诗型亦同为五言律诗。

画鹰

素练风霜起，苍鹰画作殊。
㧐身思狡兔，侧目似愁胡。
绦镟光堪摘，轩楹势可呼。
何当击凡鸟，毛血洒平芜。

此诗当亦为前往某人家做客时看到鹰之绘画而作，以平声字"殊""胡""呼""芜"押韵。

"素练"，白色绢布，用作画布。"风霜"，表示秋天放鹰捕猎季节的到来。晋·孙楚《鹰赋》："风霜激厉，羽毛振惊。""画作"，绘画的技法。"作"与"为"同义。"殊"，出类拔萃。"㧐身"，耸身。"㧐"是一个不大常用的字，与"耸"音义相近。"狡兔"，敏捷的兔子。"侧目"，眯起眼睛瞄准猎物貌。"愁胡"，满脸愁容的胡人。此亦化用孙楚《鹰赋》语。

"绦镟"，系于鹰足的"绦"（绳子）和穿绳子的金属环。"光堪摘"，仿佛可用手抓住般的发光貌。"轩楹"，屋檐下的柱子，为放鹰之处。尾联为放鹰狩猎的场面，想象这只鹰大显身手的情景。同时，亦包含对收藏这幅画的主人的致意。

不仅是骏马，杜甫对鹰等猛禽类亦表现出强烈的兴趣。五言古诗《画鹘行》是一首以隼的绘画为描写对象的作品，其开头写道：

高堂见生鹘，飒爽动秋骨。

形象地描绘了客厅中所绘之隼正欲飒爽飞翔的姿态，与《画鹰》诗意趣相通。样貌紧致而精悍，是杜甫诗中描绘的鹰和马的共通特点。这既表明了杜甫的嗜好，似乎又暗示了杜甫自身的心理状态。

五言律诗是在以宫廷或贵族为中心的社交场合打磨而成的诗型，杜甫当然亦在这类场合频繁地创作了这一形式的诗歌。社交性的诗作在诗型确立方面起到了积极作用，但也将诗歌的诗境局限在这一场合，成为导致律诗千篇一律的元凶。这里有必要对杜甫在传统的诗宴上究竟如何开创了独特境界的问题进行探讨。在此类诗歌中，首先举出《夜宴左氏庄》进行分析：

夜宴左氏庄
风林纤月落，衣露净琴张。
暗水流花径，春星带草堂。
检书烧烛短，看剑引杯长。
诗罢闻吴咏，扁舟意不忘。

此诗亦为杜甫三十岁出头时的作品。"左氏"，无法确定究竟是何人物。此诗当为杜甫在左某位于洛阳郊外山庄中宴会上的作品，以平声字"张""堂""长""忘"押韵。

"纤月"，纤细的上弦月。初生的新月在日落后不久就会消失。对以往诗歌中并未充分关注的弯月产生兴趣，体现了杜甫所独具的敏锐的感受性。"衣露",露水沾衣。"净琴张",在户外开始准备弹琴。"暗水",月落后黑暗中流淌的溪流。"带",包括。前四句描写户外宴会的场景。

后四句场景转向室内。"检书",检视书籍。主人展开珍藏的书卷,与会者仔细鉴赏。"烛短",直到蜡烛变短,间接叙述经过了很长时间。"看剑",欣赏亦为主人珍藏的名剑。"引杯长",缓慢举杯饮酒貌。"诗罢",如杜甫此诗一般,指与会者竞相作诗完毕。"吴咏",长江下游的吴地即江南地方的歌谣。演唱歌谣的当为歌妓。"扁舟",小舟。杜甫在二十多岁时随性游历了江南一带,听到"吴咏",唤醒了当时"扁舟"之旅的回忆。

此诗按照时间顺序,叙述从前半户外场景向后半室内场景的转变,对自然和人物投以细致的观察和丰富的情调,使诗歌带上了与单纯的社交礼节性的诗宴作品所不同的独特情趣。场景的转换仿佛观看电影的剪辑一般,每一联都给人一种鲜明的视觉印象。此手法贯穿全诗,亦十分引人注目。

同属诗宴之作的诗歌中,下面两首诗描绘了下雨使难得的宴会乱作一团,其主题本身亦包含着前所未有的新颖视角:

陪诸贵公子丈八沟携妓纳凉
晚际遇雨二首 其一

落日放船好,轻风生浪迟。
竹深留客处,荷净纳凉时。

公子调冰水,佳人雪藕丝。

片云头上黑,应是雨催诗。

此诗为列席若干贵族青年举办的宴会时所作。"丈八沟",流经长安南部的运河,据说亦为当时的宴游之地,宽八尺(约2.5米),深一丈(约3米),故名丈八沟。"纳凉"一词,始于梁简文帝《纳凉》诗。第一首为准备宴席时的情景以及对骤雨的预感,以平声字"迟""时""丝""诗"押韵。

此宴会于船上举办。举办宴会的贵公子和妓女们都在为船上的宴会而忙碌。"冰水",冰水中加入甜味的饮品。"佳人",当诗题中之"妓"。"藕丝",折断莲藕时出现的细丝。"雪",说法不一,此处解为"擦去"之意。折断莲藕,擦去细丝。"藕丝"发音同"偶思",为表达相思之情的双关语。"片云",断云,渐渐变黑变大。正在准备难得的宴会,却已笼罩了不祥的征兆,为第二首中所描写的宴会变得一团糟之前奏。

其二

雨来沾席上,风急打船头。

越女红裙湿,燕姬翠黛愁。

缆侵堤柳系,幔卷浪花浮。

归路翻萧飒,陂塘五月秋。

承第一首结尾出现的阴云,第二首中终于下起了暴雨,人们纷纷不知所措。第二首以平声字"头""愁""浮""秋"押韵。

"船头",船首。"打",当时口语中的表达方法。"越",今浙江省。"燕",今北京市一带。"越女""燕姬",南方和北方出身的女性,指妓女们。"翠黛",用眉黛描画成青黑色之眉。"堤柳",岸边的柳树。"浪花",波浪的水沫。"萧飒",清爽貌,双声词。"陂塘",河堤。

两首诗在内容上都极为简单。然而,难得准备的宴会因为骤雨而变得一团糟的情景设定,是六朝以来的纳凉诗中完全没有试图表现的内容。此视点本身十分新颖。在诗宴的与会者按照定好的规则竞相作诗这一点上,杜甫亦与以往的宫廷诗人用同一种方法作诗,但其内容却源自全新的创意。

如上所述,仅就现存的杜甫早期的五言律诗进行简单审视就可得知,杜甫在常用此种社交色彩浓厚的诗型的同时,为了使其内容即使脱离社交场合仍具可读性,做出了各种各样的尝试。在此意义上,杜诗中的五律从其出发点开始就已带上了前所未有的魅力。再加上人生的经历和作为诗人的实力的加持,其在内容上亦逐渐变得深沉与厚重,这一点可以通过第二部分提及的作品群得到确认。

杜甫亦创作了不少五言排律,不过本书由于篇幅所限无法过多叙述。排律亦称长律,为十句以上的句子构成的长篇律诗,除了首联和尾联以外,中间部分均由对偶句式构成,平仄的制约亦均与五律相同。杜甫常常创作长达二十韵甚至三十韵的排律,对此诗型的定型亦投入了强烈的热情。本书收录一首《遣兴》（第81页）。另外，杜甫亦创作有七言排律，但由于其形式特殊，故在此不做介绍。

（二）七言律诗

七言诗的形成远晚于五言诗。虽然七言的句式早已存在，然而直到六朝后期，才作为一种独立的诗型出现，且数量也并不多。至于七言律诗，则直到初唐才出现萌芽。比如杜甫的祖父杜审言就仅有三首七言律诗存世。

7世纪末则天武后时代，七言律诗作为一种与五言诗相埒的重要诗型得以确立，其推动者为沈佺期（656？—716）、宋之问（656？—713）两位宫廷诗人。七言律诗和五言律诗相同，亦在宫廷和贵族的沙龙中作为唱和诗而流行。然而，无论是沈佺期抑或是宋之问，从他们现存作品中所占比例来看，七言律诗远远不及五言律诗。此诗型直到盛唐也还未十分普及，这从李白七律数量极少的事实中亦可想见。

七言律诗在内容和形式层面均作为一种与五言律诗相当的诗型占据稳固地位，应当以杜甫为一个重大转折。但是，杜甫自身并非从很早就开始下功夫创作七言律诗。这里首先介绍一首约作于安史之乱以前、杜甫三十五岁前后的诗作。此诗在各种版本的杜甫集中都被认为是其最早期的七言律诗。

郑驸马宅宴洞中

主家阴洞细烟雾,留客夏簟清琅玕。
春酒杯浓琥珀薄,冰浆碗碧玛瑙寒。
误疑茅堂过江麓,已入风磴霾云端。
自是秦楼压郑谷,时闻杂佩声珊珊。

"郑驸马",郑潜曜,为玄宗姊代国长公主嫁郑万钧后所生之子,后娶玄宗第十二女临晋公主。郑氏一族中有杜甫所仰慕的前辈及友人郑虔(参见第61页)。杜甫曾为临晋公主之母皇甫淑妃撰写神道碑,云:"甫忝郑庄(郑虔宅)之宾客,游窦主(临晋公主)之园林。"从中可以看出,杜甫日常就与郑家交游密切。"驸马",驸马都尉之略,为赐予公主即内亲王之婿的爵位。"洞",在庭园的洞穴中营建的土屋。为避夏暑,而在凉爽的洞中举办宴会。据宋·张礼《游城南记》,长安南郊神禾原有莲华洞。此处当为杜甫所游临晋公主之洞。此诗以平声字"玕""寒""端""珊"押韵。

"主家",公主家。"阴洞",阳光照射不到的洞穴。"阴",可能包含有位置朝北之意。"簟",竹编的席子。"琅玕",美玉,此处比喻竹席的颜色。"春酒",春天酿造的酒。"琥珀",既是酒杯之色,同时亦当为酒之色。"冰浆",漂浮着冰块的饮品,在夏天能喝到这种饮品,是一般人无法享受的奢侈。"玛瑙",亦为宝玉。

"误",同"误"。"茅堂",茅草屋顶的房子,或许是说"阴洞"远看好似"茅堂"。"磴",石阶,表明阴洞之所在。"霾",天降细土。或许是说"云端"即高耸入云的洞穴处云雾缭绕的状态。"秦楼",《列仙传》中秦穆公公主弄玉所居高楼。弄玉平日与丈夫萧史一起在楼上吹箫,一天,凤凰降于楼,夫妻乘凤凰而升天。此处比喻临晋公主夫妻。"郑谷",指汉代隐者郑子真之事。西汉·扬雄《法言·问神》:"谷口郑子真,不屈其志,而耕乎岩石下,名震于京师。"此处与公主丈夫姓"郑"构成双关。"杂佩",串有各种宝玉的佩饰。"珊珊",玉碰撞所发之声。

此诗虽为杜甫最早的七言律诗,但实在难以称为佳作。不过,此诗亦为贵族游宴席间所作,而这种诗型自初唐以来均作于此场合,这在暗示杜甫亦从此传统套路出发的意义上,十分值得注意。换言之,杜甫的七律从具有游戏性质的创作样式出发,经过其后不懈的创意和努力而成长为一种足以寄托个人情感的独立诗型的过程,才是我们应当细致考察的。

从七言律诗形式的角度来看,此诗与其后大成的七律形式相比存在不少破绽。从这个意义出发,下面首先介绍标准的平仄形式,以探讨此诗形式层面存在的问题点。

七言律诗的结构只是在五言律诗各句的基础之上增加了两个字,平仄交替的基本原理与五言律诗完全相同。如此诗一般,第二字以平声开始的平起式为正格,以仄声开始的仄起式为变格。这里以平起式为例进行说明。

1 ○○●●●○◎
2 ●●○○○●◎
3 ●●○○○●●
4 ○●●●●○◎
5 ○○●●●○●
6 ●●○○●●◎
7 ●●○○○●●
8 ○○●●●○◎

　七言律诗通常首句亦入韵。首先，就此点来说，前面所举的杜甫的诗首句未入韵。这一点还保留有初唐七律的风格。另外，第二句的末三字"清琅玕"为"○○○"即三个平声字相连，第三句的末三字"琥珀薄"又为"●●●"即三个仄声字相连，不合规格。此即所谓的"平三连""仄三连"，而尾联"声珊珊"亦为前者的一例。总体来讲，此诗不合标准的七律之规格。

　在杜甫的时代，还不存在一个确定的七律的规格。所以，杜甫应当是一边摸索七律的韵律一边创作的此诗。在此意义上，按照之后确立的规格来指责诗作的问题对于杜甫来说是不公平的。这一点需要我们充分顾及。

　另外，律诗一般来说由比重相当的写景和抒情构成，但此诗则完全只有写景。这一点与杜甫之后的七律相比亦令人感到突兀。吉川幸次郎先生综观杜甫初期的七律，做出了如下的评价："或许在这种诗型当中所盛满的不应是叙事的内容，而是凝练的

抒情高潮。由于当时七律仍然具有初唐色彩,杜甫仍未能意识到这一点。"(《杜甫诗注》第二册,第449页)

杜甫致力于七言律诗的创作是在四十五岁以后。从这一时期开始,杜甫的七律数量骤然增多。而与此同时,在内容层面亦变得更加充实。这里从杜甫的七律产生飞跃的时期之作品中选取二首进行介绍。

九日蓝田崔氏庄

老去悲秋强自宽,兴来今日尽君欢。
羞将短发还吹帽,笑倩傍人为正冠。
蓝水远从千涧落,玉山高并两峰寒。
明年此会知谁健,醉把茱萸仔细看。

"九日",阴历九月九日,即重阳节。在这一天,有与家人或关系亲密之人相聚登山、一边斟酒举杯一边祈求健康长寿的习俗。"蓝田",县名,位于长安东南五十公里处。蓝田山即诗中"玉山",自古以来以盛产宝玉而闻名。此诗作于此地的"崔氏"之别墅内。"崔氏",不详,不过杜甫的母亲亦姓崔,故可能为杜甫的亲戚。此诗被推定为乾元元年(758)秋、杜甫四十七岁时的作品,包括第一句句末的"宽"字,以平声字"宽""欢""冠""寒""看"押韵。

"悲秋",激发人内心悲伤情绪的秋天。秋天被人们意识为悲伤的季节始于《楚辞》中宋玉的《九辩》(参见第149页)。"尽君欢",

《礼记·曲礼上》中有"君子不尽人之欢"之语,陈说为君子者出于礼仪应有所节制地接受他人的款待,而此处意为今日承蒙厚意,故欲尽情享受。此诗首联亦可视为对偶句式。"短发",变薄的头发。"吹帽"句,用晋代孟嘉(陶渊明外祖父)故事。孟嘉在担任权倾一时的桓温之参军时,于重阳宴席上冠帽被风吹落。当时在众人面前露出头部被认为是失礼的行为。桓温在孟嘉如厕时令幕下文人创作嘲笑其失态的滑稽文,看到文章的孟嘉一边苦笑一边迅速创作了一篇滑稽文作为回应,其机敏的反应让在座人等感叹不已。

"蓝水",流经蓝田的河流。其水流集"千涧"即众多溪谷之水而下。"玉山",蓝田山的别称,因其为宝玉产地而得名。"两峰",说法不一,这里解为玉山的两座山峰。"知谁健",意为"不知谁健"。"知"后接"何""谁"等疑问词时,表"不知"意。由于当时世间仍战乱不息,所以无法预测来年此时与会者们的命运。"茱萸",即日语的"カワハジカミ",结有类似糖果的红色小果实。在重阳节有在头上佩戴茱萸枝的习俗。作者一边思索人世难料,一边注视眼前这渺小的植物。

崔氏东山草堂

爱汝玉山草堂静,高秋爽气相鲜新。
有时自发钟磬响,落日更见渔樵人。
盘剥白鸦谷口栗,饭煮青泥坊底芹。
何为西庄王给事,柴门空闭锁松筠。

"崔氏",同前诗。"东山草堂",亦为与前诗相同的场所。此诗当为距离前诗时期不远再度造访草堂时的作品,以平声字"新""人""芹""筠"押韵。

用"汝"这一随意的第二人称来称呼,则草堂主人当为比杜甫年少之人。"高秋",指秋高气爽之时,在杜诗中使用次数很多。"磬",石制的打击乐器。"白鸦谷",位于蓝田东南二十里处,以盛产栗子而闻名。"青泥坊",位于蓝田南七里处;"坊",堤坝。"王给事",著名诗人王维(701—761)。王维任给事中(相当于侍从的职位)时,安史之乱爆发,被拘禁于长安近郊的寺中。另有说法称,王维虽然并非本意,但因曾出仕安禄山伪政权而被免官,正处于禁闭状态。不管真实情况如何,失去了主人的别墅大门紧闭。"松筠",指松和竹。

此两首诗依然停留在应酬之作的氛围中,在这一点上继承了初唐以来七言律诗的传统。其他与会者应当亦是以与杜甫相同的形式作诗的。尽管如此,作为超越了这种受局限场合的抒情诗,它已经成熟到内容足以独立的地步,在此意义上,这首与前面举出的初期的七律已经有所不同(当然,《崔氏东山草堂》亦有部分平仄的破绽)。可以说,在杜诗中,与五律一同作为今体诗两大支柱的七律得以确立,当在此时期之后。

从宏观角度来看,杜甫致力于创作七律存在两个转折点。虽然不同注释者对分期有不同的观点,不过基本上第一个时期介于创作了《九日蓝田崔氏庄》和《崔氏东山草堂》等诗的四十五岁和四十九岁之间,而第二个时期则是居住在成都的五年间。特别是在成都时期，杜甫七律的数量显著增加，并一直持续到晚年。这不只是单纯的作品数量的增加，同时亦表明杜甫对这种诗型的熟练程度有了充分的自信。希望读者注意的是，本书第二部分所收的七言律诗亦多为成都时期以后的作品。

（三）七言绝句

前面提到杜甫的绝句数量不多，不过就七言绝句来说，成都时期以后，其作品数量与之前相比大有增加。此亦当作为一个与七言律诗有关的现象来进行考虑。总的来说，无论是律诗抑或是绝句，杜甫对七言句式的兴趣日渐高涨。七言绝句的平仄在形式上相当于七言律诗的一半，第一、第二、第四句以平声字押韵。

从杜诗整体来看，七言绝句并没有达到与七言律诗地位相当的文学性，但是有一篇作品需要引起我们的注意——这就是被认为创作于成都时期的组诗《戏为六绝句》六首七绝。此诗旨在品评古今的诗歌和创作论，为内容独特的以诗评诗之诗。通过其号称"戏"亦可看出，我们必须慎重考虑杜甫在其中究竟吐露了多少本意。不过，可以说这组诗是能与3世纪晋代诗人陆机以辞赋的形式撰写的《文赋》之文学理论相匹敌的具有独特观点的诗论。现在介绍其中二首。

戏为六绝句　其五
不薄今人爱古人，清词丽句必为邻。
窃攀屈宋宜方驾，恐与齐梁作后尘。

此诗以平声字"人""邻""尘"押韵。

不将古今的诗歌区别对待而学习各自的长处的话，就一定可以写出优美的文辞——这一主张可以直接在学习先人成就的同时形成自己独特诗风的杜甫身上得到证实。然而，杜甫认为应当把目标定得更高。屈原、宋玉是《楚辞》的代表诗人，杜甫告诫道，应该以达到屈原、宋玉的水准为目标进行努力，不然就连堕落到仅仅在修辞中使用华丽辞藻的齐梁文学都比不上。"后尘"，拜后尘，用晋代诗人潘岳（247—300）和石崇（249—300）阿谀权臣贾谧，并遥拜贾谧马车后面扬起的尘土之事（《晋书·潘岳传》）。

　　戏为六绝句　其六
未及前贤更勿疑，递相祖述复先谁。
别裁伪体亲风雅，转益多师是汝师。

此诗以平声字"疑""谁""师"押韵。

真正具有独创性的文学并不是靠自己一个人的力量就能够达成的。从先人的成果中遴选出应当学习之处，能够引以为师的作品是无穷尽的。"风雅"是《诗经》中的诗所展现出的诗之正道。从本章前面的叙述亦可看出，杜甫在无止境地学习以往诗人在诗作技法上的成果的同时,通过磨炼自身的创意,缔造出了独特的诗境。在此意义上,这里所举出的两首诗,正是他通过自身的诗歌创作经验所总结出来的创作论。

此类通过七言绝句来述说自己诗论的构想亦影响了后世的诗人。南宋戴复古(1167—？)作《论诗十绝》陈说作诗理论。金代元好问(1190—1257)作《论诗三十首》品评历代诗人。这虽然是一个特殊的领域,但可以说是杜甫七绝的余势。

第二章 | 杜甫的古体诗

古体诗与今体诗相比是一种较为自由的诗型。在五言或七言的句式中,只要偶数句押韵即可,即不必遵从平仄的规律,在句数和对偶方面亦无特别制约。而在押韵方面亦与今体诗不同,可以仄声字押韵,长篇诗中亦可中途换韵。因此,诗人可以在这种诗型中寄托自由的思想。律诗和绝句适合即兴吟咏感情,与之相对,古体诗则适合自由抒发自身的思想和感情。所以,到了唐代,诗体的区别变得明确以后,诗人们就会按照用途不同来区别使用今体和古体。杜甫当然也积极地运用诗体的特性,努力开发古体诗独特的诗境。

一般来说,古体诗多比今体诗更长,不过当然也存在较短的古体诗。杜甫初期的作品《贫交行》就是其中一例。

贫交行
翻手作云覆手雨,纷纷轻薄何须数。
君不见管鲍贫时交,此道今人弃如土。

"贫交",贫者的友情。"行",表示以歌谣调的诗"乐府"的形式创作。换句话说就是"贫者的友情之歌"。乐府是配乐演唱的诗,汉代以来,流传着如"饮马长城窟行""伤歌行""长歌行"等按照一定的乐曲创作的歌词,六朝以后的诗人亦以此类乐曲创作新的歌词。此种情况下,一般都以既有的乐府题名来作诗,但此首《贫交行》,则是用全新的诗题自由创作的,是一首独立于乐曲的诗。此诗以仄声(上声)字"雨""数""土"押韵。

此诗被认为是杜甫四十岁左右的作品。此时杜甫在长安谋求官职,从诗中可以看出,杜甫无法预知自己的前途如何,在人际关系方面亦经历了种种背叛与失望。"翻手""覆手",将手掌向上或向下,指随意的动作。"纷纷",混乱貌。"君不见",唤起读者注意语,常用于乐府体诗中。"管鲍",春秋时代齐国的管仲和鲍叔。二人的友情始于贫穷书生时期,而管仲经常背叛朋友,肆意妄为,不过鲍叔总是能够理解他的心情而不责难于他。事见《史记·管晏列传》,并作为讲述友情与尊严的佳话而闻名。

此诗除了第三句多一字以外,几乎与七言绝句形式相同。但韵字不是平声而是仄声,此为与绝句不同的决定性条件。这类自由形式的诗多以"……行"或"……歌"为题,故亦称"歌行体"。就本书收录的诗歌而言,有《饮中八仙歌》(第54页)、《茅屋为秋风所破歌》(第134页)、《兵车行》(第168页)、《缚鸡行》(第150页)、《岁晏行》(第154页)等。

另外,在内容方面,此诗蕴含着激烈的批判精神,而杜甫的古体诗整体都有这种特点。也就是说,杜甫灵活运用不受形式约束的自由之处，充分地表达自己想要表达的内容。在这个过程中，杜甫努力将视线转向自己所处的社会，将批判的目光瞄准世间的不合理与不公正。这种社会批判建立在古体诗自由风格的基础之上，但并非所有人都能写出这样的诗，只有像杜甫一般拥有强烈批判精神的人，才有可能结出优秀文学作品的果实。

杜甫写下的有关社会批判的诗很多，而作为其初期的代表作，可以举出由一百句共五百字构成的《自京赴奉先县咏怀五百字》。时值安史之乱爆发前夕、危机四伏的天宝十四载（755）十一月（自天宝三年起"年"改称"载"），杜甫从京城出发，前往位于长安东北方向一百六十公里处的奉先县（今陕西省蒲城县），探望疏散到此地的家人。在旅途中他写下了这首长诗，结合对时事的感慨，记录了旅行的见闻。"咏怀"，吟咏心中各种各样的思绪。此处杜甫应当意识到了收录在《文选》中的 3 世纪魏末诗人阮籍（210—263）的组诗《咏怀》。此诗集中了杜甫古体诗的种种特色，具有标志性的意义。由于篇幅较长，这里权且将此诗分成三段进行分析。

自京赴奉先县咏怀五百字

杜陵有布衣，老大意转拙。
许身一何愚，窃比稷与契。
居然成濩落，白首甘契阔。
盖棺事则已，此志常觊豁。

穷年忧黎元，叹息肠内热。
取笑同学翁，浩歌弥激烈。
非无江海志，潇洒送日月。
生逢尧舜君，不忍便永诀。
当今廊庙具，构厦岂云缺。
葵藿倾太阳，物性固难夺。
顾惟蝼蚁辈，但自求其穴。
胡为慕大鲸，辄拟偃溟渤。
以兹悟生理，独耻事干谒。
兀兀遂至今，忍为尘埃没。
终愧巢与由，未能易其节。
沉饮聊自遣，放歌破愁绝。

  题下原注云"天宝十四载十一月初作"，可知此诗为公元755年安禄山叛乱前夕所作。第一段是在出发之前先进行自我介绍，叙述了自己平生的抱负，可以说是杜甫的自画像。在押韵方面，此类长诗往往会在途中改换韵字，即换韵，但此诗从始至终都采用仄声且韵尾是"-t"的入声字为韵字。这是一种凹凸不平的发音，带给读者一种心理上抗拒感的印象。除了此诗以外，杜甫后来创作的长篇五言古诗《北征》亦采用了同样的手法。可以说，从头到尾用入声字押韵创作这样的长诗是相当不同凡响的技巧。此诗的韵字为"拙""契""阔""豁""热""烈""月""诀""缺""夺""穴""渤""谒""没""节""绝"。

下面，基本上以二联四句为一节来解释诗歌大意。

> 杜陵有布衣，老大意转拙。
> 许身一何愚，窃比稷与契。

"杜陵"，长安南郊的地名，杜甫的老家。"布衣"，麻布衣服，为没有官职的平民所穿衣物。实际上此时杜甫已经得到了一个不大的官职，但是从他自身的抱负来看，这与"布衣"是毫无区别的。"拙"，拙劣的生存之道，当意识到了陶渊明所说的"守拙"。"稷""契"，传说中辅佐古代圣王尧、舜的贤臣。开头第一节已经表明，杜甫一直认为自己是一个过于正直且将其贯彻到底的人。

> 居然成濩落，白首甘契阔。
> 盖棺事则已，此志常觊豁。

"居然"，表示发生了与预想相反事态时的心境，意外。"濩落"，韵尾相同的叠韵拟态词，同"廓落"，空虚貌。"契阔"，亦为叠韵词，形容贫苦的状态。《诗经·邶风·击鼓》："死生契阔。""盖棺"句，意指死后盖上棺材盖子的话就了结万事之意。"觊"，希望。"豁"，打开。

> 穷年忧黎元，叹息肠内热。

取笑同学翁，浩歌弥激烈。

"穷年"，一年到头始终。"黎元"，人民大众。"浩歌"，大声放歌。

非无江海志，潇洒送日月。
生逢尧舜君，不忍便永诀。

"江海志"，隐遁之愿。江海之畔被认为是逃离俗世的隐者所居之地。《庄子·让王》："身在江海之上，心居魏阙之下。""潇洒"，双声词，斩断俗世烦扰貌。"尧舜"，为最理想的君王，此处比喻玄宗。"便"，就这样立即。"永诀"，永远辞别。

当今廊庙具，构厦岂云缺。
葵藿倾太阳，物性固难夺。

"廊庙"，进行祭祀的场所。"具"，器、人才。"构厦"，"厦"指大型建筑物，"构"指其构筑，此处借建筑物比喻政治组织。"葵藿"，本为"葵"与"藿"两种植物，此处当指向日葵。[1]与下文"太阳"比喻君主相对，"葵藿"比喻臣下。"物性"，本性。

顾惟蝼蚁辈，但自求其穴。
胡为慕大鲸，辄拟偃溟渤。

---

[1] "葵""藿"是我国古代一种重要的蔬菜，"葵"属锦葵科，并不是向日葵，参见贾祖璋《葵与向日葵》。——编注

"蝼蚁",蝼蛄和蚂蚁,比喻微不足道的小人物。"穴",自己所居巢穴。"辄",随意。"溟渤",大海。"偃",躺卧。微不足道的鼠辈本应在找到属于自己的小巢穴后就罢手,然而他们却谋划夺取与他们并不相称的更高地位。这是对现实官僚社会的严厉抨击。

> 以兹悟生理,独耻事干谒。
> 兀兀遂至今,忍为尘埃没。

"干谒",为了获得一官半职而对有权者阿谀奉承。杜甫实际上亦曾四处访问高官自荐。在四十五岁以前,他为此亦作了不少诗。"兀兀",笨拙貌。

> 终愧巢与由,未能易其节。
> 沉饮聊自遣,放歌破愁绝。

"巢",巢父。"由",许由。二人都是尧的时代的隐者。尧欲将帝位禅让给许由,许由拒绝了尧,说因为自己听到了肮脏的事情,所以用清澈的河水洗净了自己的耳朵。而当许由将此事说给巢父听后,巢父则认为自己无法与说出这般肮脏话语的人继续友情,于是与许由绝交。"沉饮",与酒为伴。"破",更早的版本中作"颇"。若作"颇",则为"颇愁绝"。

氛围阴暗的自画像就此作结,之后将转向旅途出发的场景,结合自身印象,详细记录了一个又一个旅途中的见闻。

岁暮百草零,疾风高冈裂。
天衢阴峥嵘,客子中夜发。
霜严衣带断,指直不得结。
凌晨过骊山,御榻在嵽嵲。
蚩尤塞寒空,蹴踏崖谷滑。
瑶池气郁律,羽林相摩戛。
君臣留欢娱,乐动殷胶葛。
赐浴皆长缨,与宴非短褐。
彤廷所分帛,本自寒女出。
鞭挞其夫家,聚敛贡城阙。
圣人筐篚恩,实欲邦国活。
臣如忽至理,君岂弃此物。
多士盈朝廷,仁者宜战栗。
况闻内金盘,尽在卫霍室。
中堂舞神仙,烟雾散玉质。
煖客貂鼠裘,悲管逐清瑟。
劝客驼蹄羹,霜橙压香橘。
朱门酒肉臭,路有冻死骨。
荣枯咫尺异,惆怅难再述。

韵字承前段用仄声(入声)字"裂""发""结""嵲""滑""戛""葛"

"褐""出""阙""活""物""栗""室""质""瑟""橘""骨""述"。

> 岁暮百草零,疾风高冈裂。
> 天衢阴峥嵘,客子中夜发。

"岁暮",年末。如前所述,杜甫是在十一月初从长安出发的。为了赶路,当时人们的旅行多在半夜出发。"天衢",京城的大道。"峥嵘",叠韵词,深沉黑暗貌。"客子",旅人,指杜甫自身。"中夜",深夜里。

> 霜严衣带断,指直不得结。
> 凌晨过骊山,御榻在嵽嵲。

"骊山",位于长安东方约四十公里处的一座山,山脚下有温泉,为唐代皇帝避寒之地。是时,玄宗正携杨贵妃小居于骊山。"御榻",天子的玉座。"嵽嵲",叠韵词,高耸貌。

> 蚩尤塞寒空,蹴踏崖谷滑。
> 瑶池气郁律,羽林相摩戛。

"蚩尤",传说中与黄帝作战失败的英雄,因其善于战斗,故用来比喻军旗。"蹴踏",践踏。此句难以准确解释,这里解为军旗覆盖一整面陡滑山崖的斜坡之状态。"瑶池",昆仑山的一个池,据说仙界的女王西王母居于此地,此处比喻骊山的温泉华清池。"郁律",叠韵词,蒸气笼罩貌。"羽林",近卫兵。"摩戛",武器摩擦声。

> 君臣留欢娱,乐动殷胶葛。
> 赐浴皆长缨,与宴非短褐。

"胶葛",双声词,形容广阔的空间。"殷",声音响彻貌。"长缨",冠帽的长带,指佩戴此冠帽的身居高位之人。"短褐",长度较短的粗织的衣服,指身份较低之人。

> 彤廷所分帛,本自寒女出。
> 鞭挞其夫家,聚敛贡城阙。

"彤廷",涂成红色的宫中的庭院。"廷",同"庭"。"寒女",贫寒女子。"夫家",作为征收租税对象的男女,抑或其丈夫家。"聚敛",索要租税。"城阙",宫中之门。

> 圣人筐篚恩,实欲邦国活。
> 臣如忽至理,君岂弃此物。
> 多士盈朝廷,仁者宜战栗。

"圣人",在唐代常表君主意。"筐篚",竹编的篮子,内装君主赐给臣下之物。"邦国",诸侯之国,此处指高官们统治的各个地区。"多士",《诗经·大雅·文王》:"济济多士。"人才众多貌。"仁者",《论语》中常见词,关爱民众者。

  况闻内金盘,尽在卫霍室。
  中堂舞神仙,烟雾散玉质。

  "内金盘"句,指本应在内苑的天子专用的黄金盘却全在外戚家。"卫霍",指深得汉武帝信赖的外戚卫青、霍去病一族,此处暗指玄宗朝掌握莫大权力的宰相杨国忠及其一族。亦可能包含宠臣安禄山。此处记录的事情,在史实中亦确实有所记载。"神仙",美得不似世上之人的女子。"玉质",如玉般美丽的身体。

  煖客貂鼠裘,悲管逐清瑟。
  劝客驼蹄羹,霜橙压香橘。

  "貂鼠",貂皮制的衣服,类似水貂皮大衣。"驼蹄羹""霜橙""香橘",均为珍奇名贵的料理或水果。

  朱门酒肉臭,路有冻死骨。
  荣枯咫尺异,惆怅难再述。

  "朱门",朱漆的门,贵族高官的宅邸。"咫尺",八寸和一尺,双声词,指极近的距离。"惆怅",叠韵词,悲愁貌。

读了此段,谁都会对杜甫对现实政治和为政者激烈的批判精神留下深刻的印象。然而,通过此诗这样的形式来实践此精神的诗人应该说反而是罕见的。杜甫直面现实社会,指出其中所见的种种不公正和矛盾,对于应当为社会负责的为政者,杜甫则用毫不留情的话语进行抨击。杜甫充分利用古体诗这一自由的诗型,创作了许多洋溢着此类批判精神的社会性诗歌的名篇。所谓的"三吏"——《新安吏》《潼关吏》《石壕吏》和"三别"——《新婚别》《垂老别》《无家别》即属于这一系列。细致地观察自身所处时代的各种现象,并将其在诗中形象化的杜诗,由此获得了"诗史"的赞誉。

接下来,暂时结束了骊山山麓的忧郁感慨,杜甫的旅途进入了下一个环节。

> 北辕就泾渭,官渡又改辙。
> 群冰从西下,极目高崒兀。
> 疑是崆峒来,恐触天柱折。
> 河梁幸未坼,枝撑声窸窣。
> 行旅相攀援,川广不可越。
> 老妻既异县,十口隔风雪。
> 谁能久不顾,庶往共饥渴。
> 入门闻号咷,幼子饥已卒。
> 吾宁舍一哀,里巷亦呜咽。

所愧为人父，无食致夭折。
岂知秋禾登，贫窭有仓卒。
生常免租税，名不隶征伐。
抚迹犹酸辛，平人固骚屑。
默思失业徒，因念远戍卒。
忧端齐终南，澒洞不可掇。

前半十句描写渡过泾水、渭水的场景，后半则描写与家人的久别重逢和感慨。韵字为"辙""兀""折""窣""越""雪""渴""卒""咽""折""卒""伐""屑""卒""掇"，仍为仄声（入声）字。

北辕就泾渭，官渡又改辙。
群冰从西下，极目高崒兀。
疑是崆峒来，恐触天柱折。

"辕"，车前的两根直木，其前端与马接触。"北辕"，指之前向东行驶，转而向北。渭水向东流经骊山北侧，泾水从西北方注入渭水。"官渡"，公设的桥梁。"辙"，车轨。依道路宽度，车轨的大小有不同规格，"改辙"当为换乘其他规格的车辆。"极目"，视野所及之处。"崒兀"，叠韵词，高耸貌。"崆峒"，泾水的发源地，位于今宁夏回族自治区泾源县的一座名山，亦为叠韵词。"天柱"，用《淮南子·天文训》和《列子·汤问》中的神话故事。古代英雄共工与帝颛顼抗争失败，出于愤怒，头撞不周之山,"天柱折,地维绝"。此指巨大的流冰与天柱发生碰撞后折断形成的碎片。

河梁幸未坼,枝撑声窸窣。
行旅相攀援,川广不可越。

"枝撑",桥的木质结构,双声词,与下句的叠韵拟态词"窸窣"一样,暗示嘎吱嘎吱的声响。"行旅",旅人。亦有版本作"行李"。"攀援",叠韵词,伸手相互提携貌。旅人相互伸出援手渡过的桥当为吊桥一类细长的桥梁。

老妻既异县,十口隔风雪。
谁能久不顾,庶往共饥渴。

"老妻",妻子杨氏。此时四十岁上下。"既",亦有版本作"寄",即"老妻寄异县",托付意。"异县",指奉先县。"十口",十个人的家庭。杜甫有两个儿子和两个女儿,还有后面将要写到的一个婴儿。"十口"当为包括妻子儿女以外的用人的人数。"饥渴",双声词。

入门闻号咷,幼子饥已卒。
吾宁舍一哀,里巷亦呜咽。

"号咷"，哭喊声，叠韵词。"宁舍"，不顾一切之意。婴儿的死被认为不像成年人之死一般严重，而此处说的是抛弃这种习惯尽情悲哀。"里巷"，村里。"一哀""呜咽"，双声词。

> 所愧为人父，无食致夭折。
> 岂知秋禾登，贫窭有仓卒。

"为人父"，《礼记·大学》："为人父，止于慈。""夭折"是父爱不足的结果，相当于没有尽到为人父之责。"登"，谷物丰收。"贫窭"，《诗经·邶风·北门》："终窭且贫，莫知我艰。"指贫穷。"仓卒"，双声拟态词，骤然貌。

> 生常免租税，名不隶征伐。
> 抚迹犹酸辛，平人固骚屑。

杜甫得以免除"租税"，可能是由于他的士族身份，抑或是由于他当时被任命为右卫率府兵曹之职。"征伐"，指军事活动，杜甫在被免除租税义务的同时，亦被免除了从军任务。"抚迹"，回顾至今为止的人生。"酸辛"，双声词，辛劳貌。"平人"，同"平民"，为避唐太宗李世民之讳而改用此语。"骚屑"，不安貌。

> 默思失业徒，因念远戍卒。
> 忧端齐终南，澒洞不可掇。

"失业徒",失去农耕这一为生之业的人。"远戍卒",守卫远方边境的士兵。"忧端",忧愁的原因。"终南",位于长安南面的终南山。"颋洞",叠韵拟态词,无止境地扩张貌。

第三段中值得注意的是,通过婴儿之死这一意料之外的事件极为真实地描写出与家人的再会。自古以来,诗人们都尽量不去叙述自身的私生活,在诗中具体出现妻子儿女的形象,除去5世纪的诗人陶渊明的诗这一几乎唯一的例外,基本上可以说是不存在的。杜甫刻意打破这种习惯,让自己的家人在诗中登场,通过描写家人的穷途末路,将关注范围扩大到更为广泛的社会状况当中,为比自己更不受眷顾的民众而担忧。这是贯穿杜甫一生的作诗态度,而这种态度通过此诗已经以一种明确的形式呈现出来。

提到此类对家人的描写以及鲜明地表达对家人之爱的作品,就一定不能不提到全篇共一百四十句的长篇五言古诗《北征》。此诗作于《咏怀五百字》两年后的至德二载(757)闰八月,描写身处安史之乱中,杜甫不顾危难,前去探望被疏散到距长安直线距离二百余公里的鄜州之地的家人的旅途。正因为这是一段正值战乱的旅途,所以可以想象杜甫一路上一定遭遇到比之前前往奉先县的旅途更多的苦难。此诗中亦详细叙述了旅途中的情况以及对时事的感慨,最终,经历了长途的辛苦跋涉,杜甫终于抵达家人所在之处。下面介绍其中一段:

经年至茅屋,妻子衣百结。
恸哭松声回,悲泉共幽咽。

平生所娇儿，颜色白胜雪。
见耶背面啼，垢腻脚不袜。
床前两小女，补绽才过膝。
海图坼波涛，旧绣移曲折。
天吴及紫凤，颠倒在裋褐。
老夫情怀恶，呕泄卧数日。
那无囊中帛，救汝寒凛栗。
粉黛亦解包，衾裯稍罗列。
瘦妻面复光，痴女头自栉。
学母无不为，晓妆随手抹。
移时施朱铅，狼藉画眉阔。
生还对童稚，似欲忘饥渴。
问事竞挽须，谁能即嗔喝。
翻思在贼愁，甘受杂乱聒。
新归且慰意，生理焉得说。

押韵方面，此诗与之前的《咏怀五百字》一样，以尾音为"-t"的入声字押韵，一整段用一韵到底的手法。韵字为"结""咽""雪""袜""膝""折""褐""日""栗""列""栉""抹""阔""渴""喝""聒""说"。

经年至茅屋，妻子衣百结。
恸哭松声回，悲泉共幽咽。

"经年",前一年六月将家人迁至鄜州后,杜甫只身一人前往北方的灵武投奔肃宗,路上被安禄山军抓获,带到长安软禁起来,时间过去了一年。"茆屋",同"茅屋"。"百结",指衣服上有多处缝补的痕迹。"幽咽",双声词。

　　平生所娇儿,颜色白胜雪。
　　见耶背面啼,垢腻脚不袜。

"娇",受溺爱孩童之貌。"耶",口语中父亲之意。"垢腻",油垢。

　　床前两小女,补绽才过膝。
　　海图坼波涛,旧绣移曲折。
　　天吴及紫凤,颠倒在裋褐。

"补绽",缝补。"才",仅。"海图",衣服上绘制的大海的图样。此句指"波涛"失去了原样变得四分五裂的状态。"旧绣",本来的刺绣,其"曲折"(弯曲的线条)亦改变了位置。"天吴",古代地理书《山海经》中出现的海之神。"紫凤",亦见于《山海经》。"颠倒",双声词。"裋褐",简陋的衣服。

　　老夫情怀恶,呕泄卧数日。
　　那无囊中帛,救汝寒凛栗。

"老夫",杜甫自称。"呕泄",呕吐及腹泻,双声词。"那无",同"何无",口语的表达方法。"凛栗",双声拟态词,因寒冷而战栗貌。

> 粉黛亦解包,衾裯稍罗列。
> 瘦妻面复光,痴女头自栉。
> 学母无不为,晓妆随手抹。
> 移时施朱铅,狼藉画眉阔。

"粉黛",白粉和眉墨。"衾裯",被子和床单。可能是指将"粉黛"摆放在被子上。"痴女",年幼无知的女儿。"朱铅",涂在嘴唇上的口红和涂在脸颊上的白粉。"狼藉",杂乱貌。

> 生还对童稚,似欲忘饥渴。
> 问事竞挽须,谁能即嗔喝。

"饥渴",双声词。"须",下颌上的胡须。"即",立即。"嗔喝",怒骂。

> 翻思在贼愁,甘受杂乱聒。
> 新归且慰意,生理焉得说。

"在贼",指被禁闭在安禄山叛军占领的长安时的日子。"杂乱",喧嚷嘈杂貌。"生理",生存的办法。

此段生动地描写了家人特别是年幼的子女与父亲久别重逢时的样子,读起来十分感人。其描写之细致,远超《咏怀五百字》。这类对孩童细微动作的描写在以往的诗歌中并非完全不存在。杜甫的脑海中一定浮现出了陶渊明的诗。除此之外,在此笔者还想介绍另一首杜甫应当参考了的诗作——3世纪西晋诗人左思(250?—305?)的《娇女诗》(《玉台新咏》卷二)。诗中用通俗的表达方法真实地描绘了作者年幼可爱的两个女儿调皮的样子。下面介绍其开头部分:

> 吾家有娇女,皎皎颇白皙。
> 小字为纨素,口齿自清历。
> 鬓发覆广额,双耳似连璧。
> 明朝弄梳台,黛眉类扫迹。
> 浓朱衍丹唇,黄吻烂漫赤。
> 娇语若连琐,忿速乃明恦。

杜甫在描写幼女的动作时,一定意识到了这首《娇女诗》。左思的诗十分生动地描写了幼女姿态,在当时的诗中属于特殊的作品。然而,即使是从中得到了灵感,杜甫亦不过只是在自己作品的一部分中带入了左思的构思,同时将其与自己的世界同化。《北征》中流淌的厚重的父爱是杜甫独有的,绝不是从左思处借鉴的。

正如前面介绍的《戏为六绝句》中所说的"递相祖述复先谁""转益多师是汝师"一般，杜甫在借鉴以往文学作品的同时，广泛吸收其优点将其转化为自身文学作品的一部分。

杜甫将身边的妻子儿女的形象进行生动描绘的能力不仅体现在这里引用的几篇作品中，在他众多的诗作当中也有充分的展现。可以说，这体现了杜甫对更为广泛的人及其个性的生存状态所抱有的旺盛的好奇心。

《咏怀五百字》和《北征》都是杜甫以自己的行旅体验为中心，结合对时事的批判和对旅途中的见闻进行描写的长篇大作，而以往的诗歌中缺乏类似的先例。不过，长篇韵文形式的辞赋中，自古就存在这类以行旅为对象的作品。《文选》中收录的东汉班彪的《北征赋》、班彪之女班昭的《东征赋》、西晋潘岳的《西征赋》等都属于此类作品。杜甫十分热衷于阅读《文选》，所以一定亦从这类辞赋中得到了创作的灵感。从将行旅这一以往作为辞赋题材书写的内容转移到另一种文体——诗歌中进行开拓的行为当中，亦可看出这几首诗的新意。

第二部分

畅游作品世界　探寻杜甫的诗境

第三章 | 醉酒赞歌

杜甫的形象往往是一本正经的,然而他其实也具有相当前卫的幽默精神。特别是在他早期的诗作中,这种倾向尤为明显。可以说,幽默精神是始于自我客观化的,其典型的例子则是六朝的陶渊明。陶渊明总是直面人类无法回避的死亡问题,创作了站在第三者的角度对其进行冷静观察的《形影神》三首和《挽歌》诗三首。杜甫的幽默与陶渊明的性质是不同的,但在扎根于对人进行冷静观察这一点上是相同的。

整体而言,在杜甫之前的诗歌中,除去陶渊明这唯一的例外,几乎都缺乏幽默精神。这亦说明在对人的观察的敏锐程度方面还存在不足之处。杜甫通过对事物的凝视,创作了鲜明把握对象特质的诗作。同时,还通过审视包含自身在内的人的生存状态,对人们富有个性的生存方式进行生动描写。当然,幽默不是千篇一律的,如同漫画一般,夸张亦是其一大特色。基于对描写对象的审视,夸张通过诙谐来实现生动的描写。

提到幽默的诗作,首先无条件推荐的必然是《饮中八仙歌》。当时有名的酒仙们的风貌,憨态可掬地浮现在这首七言古诗流丽的节奏当中。此诗一般认为是天宝（742—756）初年的作品，在现存的杜诗中属于最初期的作品。

饮中八仙歌

知章骑马似乘船，
眼花落井水底眠。
汝阳三斗始朝天，
道逢麴车口流涎，
恨不移封向酒泉。
左相日兴费万钱，
饮如长鲸吸百川，
衔杯乐圣称避贤。
宗之潇洒美少年，
举觞白眼望青天，
皎如玉树临风前。
苏晋长斋绣佛前，
醉中往往爱逃禅。
李白一斗诗百篇，
长安市上酒家眠。
天子呼来不上船，
自称臣是酒中仙。
张旭三杯草圣传，
脱帽露顶王公前，

> 挥毫落纸如云烟。
> 焦遂五斗方卓然,
> 高谈雄辩惊四筵。

这是一首以列传形式描写爱好饮酒的八位仙人醉态的七言古诗。"歌",以七言为基调的歌谣调的古体诗。每句押韵,以二句、三句或四句为一个单元,分别描写八个人物充满个性的饮酒姿态。以将著名的八位好酒之人比作仙人为首,整首诗都蕴含着幽默的气氛,无疑是现存的杜甫初期作品中的代表作。此诗当为杜甫刚来到长安不久、三十四五岁时的作品。八人中确实有人与杜甫有过共同饮酒经历,比如李白,但杜甫并不是与八人全部都有密切往来,其中亦有仅凭传闻进行描写的人物。

八酒仙的第一位是贺知章(659—约744),字季真,浙江会稽人,自号"四明狂客",风流洒脱,同时以草书名手而闻名,官居礼部侍郎之高位。贺知章赏识李白的诗才,向玄宗举荐李白,而杜甫年轻时亦得到了他的知遇。贺知章是八人中最年长者。

> 知章骑马似乘船,
> 眼花落井水底眠。

当时官吏出勤主要靠骑马,所以骑马是日常行为,而此处则戏言贺知章作为南方人惯于乘船而不善骑马。[1] "眼花",眼前模糊。摇摇晃晃地坠入井中并就此睡去是夸张的表达方法,但在

---

[1] 此处似应指贺知章喝醉酒后,骑马的姿态就像乘船那样摇来晃去。——编按

贺知章身上似乎确实发生过类似的事情。此以平声字"船""眠"押韵。

> 汝阳三斗始朝天，
> 道逢麹车口流涎，
> 恨不移封向酒泉。

第二位酒仙是汝阳王李琎（？—750）。汝阳王是玄宗兄长之子，亦是杜甫的一位皇族支持者。杜甫日后的诗中对其擅长书法一事有所记录。此以平声字"天""涎""泉"押韵。

唐代的一斗大约不到六升，"三斗"则是相当于一升瓶[1]十瓶量的酒。汝阳王豪饮如此海量之酒后进宫上朝。"始"，才。"酒泉"，郡名，位于今甘肃省，字面意思为酒之泉，是令爱酒之人垂涎的地名。此处戏称非常遗憾无法将封国从现在的汝阳（河南省）移至酒泉。"向"，表示场所的助词，同"于"。

> 左相日兴费万钱，
> 饮如长鲸吸百川，
> 衔杯乐圣称避贤。

第三位是左丞相李适之（694—747），亦出身皇族。其豪饮之貌在史书中亦有记载。后为宰相李林甫排挤而自杀。此以平声字"钱""川""贤"押韵。

---

[1] 日本所谓的一升瓶为现今的1.8升。——译注

"日兴",可将"兴"读作平声,解为"起"之意,亦可读作去声,解为"每日的酒兴"。"圣""贤",分别指清酒、浊酒,来源于魏时曹操发布禁酒令后爱酒之人所使用的隐语。

> 宗之潇洒美少年,
> 举觞白眼望青天,
> 皎如玉树临风前。

第四位是贵公子崔宗之(生卒年不详),为玄宗朝初期功臣崔日用之子,官至侍御史,袭封齐国公。此段以平声字"年""天""前"押韵。

"潇洒",双声拟态词,纯洁文雅貌。"少年",近于现在所说的"青年"。"白眼",用魏时阮籍故事,阮籍以"青眼"应对中意之人,以"白眼"应对不中意之人。"皎",洁白光辉貌。"玉树",如玉般美丽的树木,比喻美好的风姿。

> 苏晋长斋绣佛前,
> 醉中往往爱逃禅。

第五位是苏晋(676—734)。苏晋在杜甫年轻时就已离世,应当未曾与杜甫谋面。苏晋历任户部、吏部侍郎、太子左庶子。他的醉态表现出他笃信佛教。此段以平声字"前""禅"押韵。

"长斋",佛教徒进行的长时间斋戒。五戒之一的饮酒虽与斋戒矛盾，但苏晋本人应当并不介意。"绣佛"，刺绣画成的佛像，自六朝时期起就存在。"逃禅"，有说法认为是从禅中逃离出来。

> 李白一斗诗百篇，
> 长安市上酒家眠。
> 天子呼来不上船，
> 自称臣是酒中仙。

第六位是家喻户晓的诗人李白（701—762）。描写李白豪放醉态的四句诗是全诗中最为脍炙人口的一段。杜甫在三十岁出头时与李白结下了友谊，此诗则作于二人相识不久之后。李白在与杜甫相识之前稍早时，受到前面提到的贺知章的举荐，担任玄宗的翰林供奉（私人秘书），此处描写的逸事亦为这一时期的内容，当在街头巷尾为人熟知。此段以平声字"篇""眠""船""仙"押韵。

长安的"市"分为东与西，十分繁荣。据范传正所撰写的李白墓碑，一天，玄宗在白莲池乘船游览时召见李白，但当时李白已经酩酊大醉，所以命宦官高力士将李白抱上船。

> 张旭三杯草圣传，
> 脱帽露顶王公前，
> 挥毫落纸如云烟。

第七位是书法家张旭（生卒年不详），尤以草书闻名。其传记多有不详之处，不过可以得知他与杜甫很早就有往来，杜甫日后的诗中亦多次出现过对张旭的回想。此段以平声字"传""前""烟"押韵。

张旭被人们誉为"草圣"，即草书之圣人。此处并不是就张旭其人的评价来描写，而是说张旭书写的草书到达了绝妙的境界。据说张旭醉酒后有如神灵附体之势般挥毫即书。"脱帽露顶"，在人前脱帽露出头顶被认为是失礼的行为，而此处指将这些常识全部抛弃的放荡不羁貌。"毫"，笔。"云烟"，草书变化无穷貌。

　　焦遂五斗方卓然，
　　高谈雄辩惊四筵。

最后的第八位是富于雄辩的焦遂（生卒年不详）。八人中此人的传记是最为不详的，只能够得知他是无官的布衣。此段以平声字"然""筵"押韵。

"方"，同"乃"，才。"卓然"，意气昂扬貌。焦遂虽然口吃，但是一旦饮酒，就仿佛换了个人一般滔滔不绝。"四筵"，同"四坐"，四方在座之人。

从贺知章到焦遂的八人是按照从高官、皇族到诗人、书法家、布衣（均为无官之人）的顺序排列的，基本与当时的社会地位相同。在此意义上，这样的排列与正史列传的排列基准相同。另外，用本名称呼他人特别是身居高位之人及年长者是一种禁忌,而此诗大胆地打破了这种社会常识。此诗或为杜甫出于撰写"酒仙列传"之目的而创作的。在正史的传记中,用本名称呼反而是理所当然的。

在押韵方面,无论诗歌的长短,一般来说不会重复使用同一文字作为韵字,而此诗中"船""眠""天"分别使用了两次,"前"则使用了三次,可谓极为破格的押韵方法。从中可以看出,此诗不仅是在内容上,在形式上亦十分奔放。

登场人物仿佛北斋漫画[1]一般夸张的醉态描写,是以往的诗歌中完全没有出现过的境界。如果时代的条件允许的话,杜甫一定会在这个方向上发挥更大的诗歌才华。然而遗憾的是,当时并不具备这样的条件,此种可能性亦以萌芽的形态告终。

这首《饮中八仙歌》的诗境是明朗而无止境的,与之相对,《醉时歌》则是一首在幽默之中充满了深刻痛苦的诗作。这种痛苦正发源于杜甫自身的挫折体验。此诗被推定作于天宝十四载(755)春,杜甫四十三岁时。

醉时歌

诸公衮衮登台省,广文先生官独冷。
甲第纷纷厌粱肉,广文先生饭不足。
先生有道出羲皇,先生有才过屈宋。
德尊一代常坎坷,名垂万古知何用。
杜陵野客人更嗤,被褐短窄鬓如丝。

---

[1] 葛饰北斋(1760—1849),日本江户时期著名的浮士绘画家。他创作的《北斋漫画》被誉为日本现代漫画创作的鼻祖。——译注

日籴太仓五升米，时赴郑老同襟期。

得钱即相觅，沽酒不复疑。

忘形到尔汝，痛饮真吾师。

清夜沉沉动春酌，灯前细雨檐花落。

但觉高歌有鬼神，焉知饿死填沟壑。

相如逸才亲涤器，子云识字终投阁。

先生早赋归去来，石田茅屋荒苍苔。

儒术于我何有哉，孔丘盗跖俱尘埃。

不须闻此意惨怆，生前相遇且衔杯。

这是一首以七言为基调的杂言古体诗。正如诗题"醉时歌"一般，诗中尽情叙述了奔放不羁的思绪。原注云："赠广文馆学士郑虔。"赠诗的对象是比杜甫年长的友人郑虔（685？—764）。郑虔是杜甫发自内心敬重的人物，虽然在诗、书、画方面都十分出众，充满了艺术才能，但拙于处世之道，所以一生不遇。"广文馆"，国子监的附设机构，相当于国立大学。据《新唐书·文苑传》中的郑虔传，此为当时的皇帝玄宗出于怜惜不善处世的郑虔而专门为其设置的学术机构，任命郑虔为博士（正六品上）。然而，由于此地位有名无实，所以在官界一直备受冷遇。

杜甫似乎一直十分信赖这个不擅处世之道的前辈，创作了不少赠送给他的诗作。此诗中出现了不少对于年长者来说带有戏弄意味的字句，但这正是杜甫对他的亲近感的直率表现。对郑虔表达的亲近之感中，实际上有着杜甫自身拙劣处世之道的投影。杜甫切身地感受到了这位前辈拙劣的处世之道，并诙谐地描写了二人的醉态。诗分为前后两段，前半段首先描写郑虔和杜甫自身的贫穷生活。

诸公衮衮登台省，广文先生官独冷。

开头两句以仄声（上声）字"省""冷"押韵，单独成为一段。"诸公"，指高官。"衮衮"，不断持续貌。"台省"，中央官厅。之后不断重复出现的"先生"二字在包含对学者和前辈友人的敬重之意的同时，还包含了些许谐谑的意味。

甲第纷纷厌粱肉，广文先生饭不足。

此段换韵，以仄声（入声）字"肉""足"押韵。"甲第"，"甲"，甲乙丙丁之"甲"，意为上等；"第"，宅第。"纷纷"，数量多貌。"粱"，上乘的米。"厌"，吃到厌倦。

先生有道出羲皇，先生有才过屈宋。
德尊一代常坎坷，名垂万古知何用。

此段再度换韵，以仄声（去声）字"宋""用"押韵。将郑虔卓越的资质和与之相反毫无回报的现实进行对比描写。"羲皇"，太古传说中的帝王伏羲。在那个上古时代，人们都是纯粹而毫无恶意的。"出"，可解为胜出（羲皇）。"屈宋"，以《楚辞》作者而闻名的屈原及其弟子宋玉，亦即最为杰出的诗人。胜过他们的文才，可谓是格外的褒奖。"坎坷"，字头辅音相同的双声词，不遇之貌。"万古"，永远。死后永世留名是中国人自古以来的愿望。"知何用"，"知"，下接疑问词"何"，为反语意。

> 杜陵野客人更嗤，被褐短窄鬓如丝。
> 日籴太仓五升米，时赴郑老同襟期。
> 得钱即相觅，沽酒不复疑。
> 忘形到尔汝，痛饮真吾师。

此段第三次换韵，以平声字"嗤""丝""期""疑""师"押韵。后半四句是此诗仅有的一处采用五言句式之处。换韵亦有着将描写从郑虔转向杜甫自身的作用。

"杜陵"，位于长安南方郊外的汉宣帝陵，近旁有埋葬许皇后的"少陵"，杜甫正是出生于此地附近。杜甫常以"少陵"为号。他离开此地前往长安时还没有官职，所以自称"野客"。"嗤"，带有轻蔑之意的笑。"褐"，粗布织成的朴素的衣服，即穷人的衣物。"丝"，细细的绢丝。"籴"，买米。"太仓"，官营的米仓。当时的一升是现在日本一升的约三分之一。创作此诗的前一年天宝十二载（753）八月，因为连日阴雨，长安一带的米价高涨，政府以低廉的价格将米分售给穷人。或许杜甫当时亦受到了恩惠。"郑老"，"老"，对年长者带有亲近感的表达方法，接在姓氏后面使用的方法与现代汉语相同。"襟期",心中所思。"觅",寻找对方。"形",肉体。"尔汝",俚语中的第二人称。"吾师",出自《庄子·天道》中面对理想之道,庄子高呼"吾师乎、吾师乎"之语。

之后诗歌进入后半段,句式从五言转回七言,抒发了身处不遇境地的二人借酒势不管不顾的雄辩之词。

> 清夜沉沉动春酌,灯前细雨檐花落。
> 但觉高歌有鬼神,焉知饿死填沟壑。
> 相如逸才亲涤器,子云识字终投阁。

此段再次换韵,以仄声(入声)字"酌""落""壑""阁"押韵。"沉沉",夜深人静貌。"有鬼神",神灵附体。《诗·大序》中,论述诗的效用时云:"动天地,感鬼神。"此处表现醉酒后意气极度昂扬的状态。"填沟壑",死在路边后尸体被埋入沟壑中。"相如",司马相如(前179—前118),西汉著名文人。相如年轻时十分贫穷,与妻子卓文君开了一间酒家,自己洗碗。"子云",西汉末年的学者、文人扬雄(前53—18)的字。扬雄精通古文,十分博学,但是在王莽的治下,校订宫中图书馆天禄阁的书籍时被疑不敬,遭受官府调查,从天禄阁上纵身跳下,身受重伤。正如这二人一样,无论是有着多么突出才能的人,命运都是不如意的,从而为自己和郑虔的不遇进行辩白。

> 先生早赋归去来，石田茅屋荒苍苔。
> 儒术于我何有哉，孔丘盗跖俱尘埃。
> 不须闻此意惨怆，生前相遇且衔杯。

最后一段除了一句之外每句都入韵，以平声字"来""苔""哉""埃""杯"押韵。

"归去来"，陶渊明《归去来兮辞》。陶渊明曾任彭泽县令，仅在任八十余日便辞官，作《归去来兮辞》，退隐故乡农村。"石田"，满是石块的荒废的田地。"石田茅屋荒苍苔"，呼应《归去来兮辞》开头的"归去来兮，田园将芜胡不归"。"儒术"，儒家的学术，当时的政治表面上以其为根本，而此处却大放厥词称"儒术"与自己无关，虽为借醉之词，亦不得不说是十分大胆。"于我何有哉"，传说太古尧帝时的诗《击壤歌》中，一位老人讴歌太平盛世云："帝力于我何有哉。"接下来一句更加强了大胆的印象。"孔丘"，孔子的本名。"盗跖"，古代传说中的盗贼。将被视为最高典范的圣人孔子与大恶人盗跖相提并论，虽然在《庄子·盗跖》中曾经出现过盗跖谩骂孔子的故事，但一般来说是极为特殊的。"惨怆"，双声词，失望。"且"，差强人意。

郑虔亦经常出现在杜甫的其他诗歌中。五言八句的古体诗《戏简郑广文虔兼呈苏司业源明》正如其诗题一般是一首游戏之歌，其前半亦描写了郑虔：

> 广文到官舍，系马堂阶下。

醉则骑马归，颇遭官长骂。

这种诙谐化的郑虔，正因为其不得要领，所以才透露出一种既可笑又可悲的状态。

郑虔不谙处世之道的毛病在之后也并没有发生变化。755年十一月，安禄山发动叛乱，贼军占领长安，郑虔被迫出仕伪政府。叛乱平定之后，郑虔被问罪，追放至浙江台州（今浙江省台州市），置于一个有名无实的职位，最终在任地辞世。杜甫作诗赠给离开京城的郑虔，最后以此作结："便与先生应永诀，九重泉路尽交期。"（《送郑十八虔贬台州司户，伤其临老陷贼之故，阙为面别，情见于诗》）将此生未尽的友情寄托于百年之后。

此后，郑虔从台州寄来了书信，告知杜甫自身近况，杜甫从中得知郑虔一边从事农耕一边养病，写下了题为《所思》的诗，感叹自己无能为力，不能将郑虔从穷途末路中拯救出来：

徒劳望牛斗，无计剧龙泉。

"牛斗"，牛宿和斗宿，郑虔所居的台州，在天上相当于牛斗的分野。"龙泉"，传说中的宝剑，比喻郑虔其人。

郑虔在杜甫心中是一个分别之后也一直挂念的人物。因为郑虔在处世之道上的拙劣程度正与杜甫相同。恐怕杜甫正是抱着非他人之事的态度注视着这个前辈的所作所为的。

下面插一段题外话。《临海县志》等地方志称，郑虔在台州

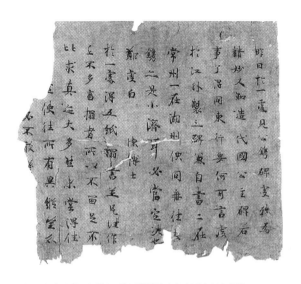

图 1　郑虔尺牍（断简），俄罗斯科学院东方写本研究所藏
© the Institute of Oriental Manuscripts of the Russian Academy of Sciences, St.Petersburg, 2009

致力于教育民间子弟，因为他的努力，当地的民风在很短的时间里就变得十分淳朴。1989 年，临海市修建了郑广文纪念馆，郑虔直到现在还深受当地人的爱戴。另外，最近，有学者在俄罗斯科学院东方写本研究所藏敦煌写本中发现了郑虔的书信残片（西林昭一《中国新发现书信》，柳原出版，2001 年。参见图 1）。此为郑虔的两篇尺牍的断简，由于文中提到了开元二十二年（734）十二月所建的"代国公主碑"，所以被推定为书写于这一时期。

第四章 | 残酷的战争

杜甫生活的时代，除了众所周知的安禄山、史思明之乱以外，国内外大大小小的战争始终接连不断。正如杜甫自己所说"名不隶征伐"（《自京赴奉先县咏怀五百字》，参见第31页），作为士人的杜甫被免除了服兵役的义务，然而杜甫一生中所到之处都被卷入战火，他本人亦饱尝了其中的艰辛。通过自身的这种苦难经历，杜甫对因为战争而不得不接受残酷命运的民众抱有深深的同情，在诗中形象地描写了战争带来的伤痕。

自古以来，涌现出了很多描写战争的诗。一般来讲，这些诗歌比起战争的波澜壮阔来说，更侧重于描写其悲惨的一面。特别是被称为"乐府"的歌谣形式的诗，自汉代以来就一直保持着这种传统。杜甫在学习这种传统的同时，不凭借想象力来描写战斗场面，而是写实地描绘他亲眼所见的战争的悲惨情景，极为真实地再现了战争给民众带来的沉痛伤害。接下来介绍其中二首代表作。

兵车行
车辚辚、马萧萧，行人弓箭各在腰。

耶娘妻子走相送，尘埃不见咸阳桥。

牵衣顿足拦道哭，哭声直上干云霄。

道旁过者问行人，行人但云点行频。

或从十五北防河，便至四十西营田。

去时里正与裹头，归来头白还戍边。

边庭流血成海水，武皇开边意未已。

君不闻汉家山东二百州，千村万落生荆杞。

纵有健妇把锄犁，禾生陇亩无东西。

况复秦兵耐苦战，被驱不异犬与鸡。

长者虽有问，役夫敢申恨。

且如今年冬，未休关西卒。

县官急索租，租税从何出。

信知生男恶，反是生女好。

生女犹得嫁比邻，生男埋没随百草。

君不见青海头，古来白骨无人收。

新鬼烦冤旧鬼哭，天阴雨湿声啾啾。

《兵车行》为一首以七言为基础的歌谣调杂言古体诗。"兵车"，战斗用车，由马牵引。"行"，曲，如第一部分第二章所述（第30页），用于歌谣调的诗题中，表明其原本是与特定的乐曲相配的歌词。一般来说曲名都使用汉代以来固定的内容，杜甫则不遵从这种习惯，全部使用他自己创作的题名。另外，此诗在描写战争的悲惨场面时，采用了作者与老兵的问答形式，这是汉代以来传统上歌谣所使用的叙事框架，通过第三人称式的构思形成一种故事性的内容。此处亦可看出杜甫积极吸收以往诗歌中的创意的痕迹。全诗多次换韵，而每次换韵都形成一个内容上的转折。

> 车辚辚、马萧萧，行人弓箭各在腰。
> 耶娘妻子走相送，尘埃不见咸阳桥。
> 牵衣顿足拦道哭，哭声直上干云霄。

第一段以平声字"萧""腰""桥""霄"押韵，描写了士兵出征与家人相送的令人心酸的离别之景。

"辚辚"，形容多辆车的声音。"萧萧"，形容马嘶声的拟态词。二者均为借鉴自《诗经》用词的描写。这种在七言句中随处插入短句或长句的做法正是歌谣调诗歌的特色。"行人"，旅人，此指出征兵士。"耶娘"，口语表达方法，父母，类似于爸妈。"咸阳"，与长安隔渭水相望，有桥连接这两座都市。部队正要跨过这座桥向西北方进军。"顿足"，跺脚。"云霄"，天。

> 道旁过者问行人，行人但云点行频。

此二句表明问答的开始。以平声字"人""频"押韵。

"道旁过者"，作者使自己以第三者的形式登场。之后，以回答作者提问的形式，开始了一个士兵的独白。"点行"，检视壮丁（成年男子）名簿以召集士兵。

> 或从十五北防河，便至四十西营田。
> 去时里正与裹头，归来头白还戍边。

士兵的话以更加具体的形式继续下去。以平声字"田""边"押韵。"或"，表明举出一个实例进行说明，而这当然是士兵自身的经历。"河"，黄河。黄河向北蛇行途经的河西一带为了防备吐蕃（西藏）入侵而常常派遣守卫军。"营田"，成为屯田兵。屯田兵的任务是在边境从事农耕的同时，于有事之时参与战斗。"里正"，里长。唐制一百户为一里。"裹头"，以三尺黑绢包头，为成人仪式。一般来说只要服过一次兵役，再度征兵时就会被豁免，而据《资治通鉴》，正如"头白还戍边"句所云，玄宗天宝十载（751），由于兵源不足，作为临时举措，服过多年兵役的老兵再度被征兵。杜甫正描写了此时兵士与家人的悲愤。

> 边庭流血成海水，武皇开边意未已。
> 君不闻汉家山东二百州，千村万落生荆杞。

此段描写战争的悲惨景象以及失去劳动力的农村的荒废情景。以仄声（上声）字"水""已""杞"押韵。

"边庭"，边境一带。"武皇"，字面意思为汉武帝，实际指当时的皇帝玄宗。此类因忌惮直接描述时事而假托汉代的写法在唐诗中常常出现，杜甫的晚辈白居易在《长恨歌》中亦采用了这种手法。自太宗至玄宗的唐王朝的君主确实都很热衷于领土扩张。

无论如何，此段都可谓是十分大胆地对政府进行了批判。"君不闻"，歌谣调诗中具有特征性的常用句式，引起对方的注意。是"请听"的意思。"山东"，有若干种说法，这里解为指称中国东部的一般用法。"千村万落"，大量的村落。"荆杞"，杂树杂草。

> 纵有健妇把锄犁，禾生陇亩无东西。
> 况复秦兵耐苦战，被驱不异犬与鸡。

此段继续描写农村的凋敝景象以及兵士倾诉苦难的话语。以平声字"犁""西""鸡"押韵。

"陇亩"，田地的亩。"无东西"，田地的亩已经不分东西，表现出一种无秩序的状态。"秦"，以长安为中心的陕西之地。此地的兵士以勇敢著称。

> 长者虽有问，役夫敢申恨。

此处士兵改变了语气，继续说下去。从这里开始节奏变为了五言，以仄声（去声）字"问""恨"押韵。

"长者"，对年长者的敬称。"役夫"，服兵役的自身的谦辞。

> 且如今年冬，未休关西卒。
> 县官急索租，租税从何出。

此段表达士兵对上级采取的新方针的不满。以仄声（入声）字"卒""出"押韵。

"关西"，函谷关以西的地区，相当于前面所说的"秦"。"休"，农民出身的士兵一时休假。"县官"，天子及由天子代表的上级。士兵连归乡休假从事本职的农耕工作都不被允许，更无从缴纳租税，此段描述了这样痛切的倾诉。租税通过谷物缴纳，年底正是纳税的时期。

> 信知生男恶，反是生女好。
> 生女犹得嫁比邻，生男埋没随百草。

上级所施行的错误政策的结果使本来的社会常识发生了逆转。此段以仄声（上声）字"好""草"押韵。

即使是在当今中国社会，人们往往也想生男孩。尤其在农村，男子作为劳动力更受重视。然而，在乱世当中，男女的价值发生了逆转。因为男子不得不服兵役，甚至不知道明天还能不能活在世上。这种想法自古以来就存在，从曹魏时陈琳描写战争悲惨场面的《饮马长城窟行》（《玉台新咏》卷一）的"生男慎莫举，生女哺用脯。君独不见长城下，死人骸骨相撑拄"等几句诗中亦可看出。

> 君不见青海头，古来白骨无人收。
> 新鬼烦冤旧鬼哭，天阴雨湿声啾啾。

结尾一段，与前面的"君不闻"相同，用"君不见"这一唤起对方注意的词开头，再度将句式转为七言，结束全诗。以平声字"头""收""啾"押韵。

"青海"，位于今青海省，是中国最大的咸水湖。其周边一带是唐代军队多次与吐蕃发生冲突的最前线。"新鬼""旧鬼"的"鬼"，意为死者的亡灵。"烦冤"，叠韵词，烦闷苦恼貌。"啾啾"，含有悲哀的哭声。承接前一段描写战死者苦闷的诗句当出自前面引用的陈琳的《饮马长城窟行》。

《兵车行》以发生在遥远边境与吐蕃的战争为背景，而当安禄山发动叛乱之后，战场则迫近到了杜甫身边的地区。乾元元年（758）六月，杜甫转任长安东面华州的司功参军（参见第四章）。当时唐王朝的国情如下：前一年一月，叛乱的主角安禄山被子安庆绪所杀，贼军出现动摇，唐军获得了回鹘的支援，九月收复长安，次月又收复洛阳。然而，叛军与其另一主谋史思明依然维持着强大的势力，与官军持续着紧张的战况。

次年乾元二年（759）三月，郭子仪率领的官军大举进攻安庆绪的据点相州（今河南省安阳市），然而由于史思明赶来救援安庆绪，郭子仪军惨败，贼军的势力再度变得强盛。杜甫因为任务在身，自前一年的冬天起在洛阳停留，并恰好于此年三月起程前往任地华州。途中，他目睹了备受战争痛苦的民众们残酷的现实。以此为题材，杜甫创作了所谓的"三吏三别"，即著名的《新安吏》《潼关吏》《石壕吏》和《新婚别》《垂老别》《无家别》。被认为是杜甫自注的《新安吏》原注云:"收京后作。虽收两京,贼犹充斥。""两京",长安和洛阳。这表明,此诗作于从贼军手中夺回两京之后敌人势力依然充斥各地的状态之中。

下面介绍"三吏三别"中内容最富戏剧性的《石壕吏》。

石壕吏

暮投石壕村,有吏夜捉人。
老翁逾墙走,老妇出门看。
吏呼一何怒,妇啼一何苦。
听妇前致词,三男邺城戍。
一男附书至,二男新战死。
存者且偷生,死者长已矣。
室中更无人,惟有乳下孙。
有孙母未去,出入无完裙。
老妪力虽衰,请从吏夜归。
急应河阳役,犹得备晨炊。
夜久语声绝,如闻泣幽咽。
天明登前途,独与老翁别。

"石壕",三门峡市陕州区(今河南省)的一个村子,位于杜甫任地华州东面约一百五十公里处。"吏",下层官员。诗型为五言古诗,每四句一换韵。此诗亦由一位老妇人的叙事为基调,构成了一个故事。

> 暮投石壕村，有吏夜捉人。
> 老翁逾墙走，老妇出门看。

第一段描写与石壕村悲剧的相遇。以平声字"村""人""看"押韵。

看到为征发壮丁以充兵役而在深夜突然造访的官员，投宿之处的"老翁"迅速逃跑，这正说明当时年轻人已经严重不足，老人都成了征兵对象。征发的士兵将被派往死守东都洛阳以待卷土重来的郭子仪军中。

> 吏呼一何怒，妇啼一何苦。
> 听妇前致词，三男邺城戍。

应对官员的老妇人开始陈词。此段以仄声（上声）字"怒""苦""戍"押韵。

"三男"，三个儿子。"邺城"，相州，位于洛阳东北二百余公里处。如前所述，为当时贼军的根据地。

> 一男附书至，二男新战死。
> 存者且偷生，死者长已矣。

老妇的话中提到了出征的儿子们的生死。此段根据古典的用韵方法通押去声字"至"和上声字"死""矣"。

"新战死",指在"邺城"(相州)的战斗中战死。"存者",指寄信来的儿子。

> 室中更无人,惟有乳下孙。
> 有孙母未去,出入无完裙。

听说三个儿子都出征了,恐怕官员继续追问是否还有其他男丁。此段若理解为老妇的回答则十分易懂。以平声字"人""孙""裙"押韵。

"更",在否定词前表强调。"完裙",像样的裙子,意指总是穿着破旧的裙子,所以难以出来应对官员。

> 老妪力虽衰,请从吏夜归。
> 急应河阳役,犹得备晨炊。

老妇称,如果必须出一个人的话,那么自己愿意前往。此段以平声字"衰""归""炊"押韵。

"老妪",老妇的自称。"河阳",今河南省孟州市,位于洛阳东北约一百公里处,是守卫洛阳最前线的重要地理位置。"晨炊",准备早饭。老妇的话以此告终。

> 夜久语声绝,如闻泣幽咽。
> 天明登前途,独与老翁别。

此段描写经过了深夜的骚动之后第二天早上的情景,以仄声(入声)字"绝""咽""别"押韵。

"如闻",好像听到,意指作者体验了这番不同寻常的经历后,无法入眠,好像隔墙听到了微弱的呜咽声。呜咽声不知是留在家中的媳妇还是偷偷潜回家中的老翁发出的。诗的开头迅速逃走的老翁最后突然登场,给人一个意外的收场。

此诗中,杜甫完全站在一个第三者的立场上,不夹杂任何主观感想,仅平淡地叙述了亲身经历的事实。而这种写法反而加深了读者对情况的深刻程度的认识,达到很好的效果。

第五章 | 战乱中——离别与再会

战争总是给人们带来不幸,杜甫和他的家人亦是战争的牺牲者。天宝十四载(755)十一月,杜甫为了探望托付给奉先县(今陕西省蒲城县)亲戚的家人而离开长安,在当地逗留时,安禄山发动叛乱,洛阳和首都长安相继陷落。杜甫为了寻求更为安全之处,次年五月,携家人沿洛水北上,到达白水(今陕西省白水县),七月又到达了更北面的鄜州(今陕西省富县)。是月,杜甫听说逃离长安的肃宗在遥远的北方之地灵武(今宁夏回族自治区)即位的消息,立刻将家人留在鄜州,欲前往灵武,却在途中为贼军捕获,押至长安,软禁于城中。

此后,与贼军的战争在一进一退当中一直持续,杜甫个人的命运亦深陷其中,瞬息万变。其间行动和心境的轨迹凝结在他的诸多诗作中,而此时,杜甫的诗风产生了一种变化。忧愁是杜诗的一大特点,而这种忧愁开始变得不仅停留于他个人自身,其中出现了明显的向包含他在内的社会和人类整体扩张的倾向。

接下来,我们通过几首诗来看看被卷入战乱的同时努力支撑着家庭的杜甫的足迹。

月夜

今夜鄜州月，闺中只独看。
遥怜小儿女，未解忆长安。
香雾云鬟湿，清辉玉臂寒。
何时倚虚幌，双照泪痕干。

此诗描写了至德元载（756）秋，杜甫在安禄山军占领下的长安，对远在北方鄜州的家人尤其是妻子的思念。诗型为五言律诗，以平声字"看""安""寒""干"押韵。

"今夜鄜州月"，指妻子所在地鄜州的空中之月，实际为诗人仰望眼前长安之月的同时，思绪驰骋至远方眺望此月的妻子。月为满月，或接近满月的圆月。满月象征家人欢聚一堂的"团圆"。仰望圆月、思念家人和亲朋之诗自古就存在，杜甫亦继承了这一传统，但他并不直咏眼前之月，而是描写思念之人所见之月，创意十分新颖。"闺"，女性的房间。在诗中毫无保留地叙述对妻子的爱，在以往的诗歌传统中是不存在的。

杜甫用"小儿女"一词表述自己的子女，通过其他诗歌可以得知，杜甫共有两个儿子和两个女儿。"未解"，同"未能"。"云鬟"，像云朵一般的发髻。"虚幌"，沉静的窗帘。一边眺望月亮一边思念妻子儿女，在结尾两句中又将思绪驰骋至未来再会之时。赋予月以联结现在与未来的作用亦是以往的诗中所没有的新创意。

对雪

战哭多新鬼,愁吟独老翁。
乱云低薄暮,急雪舞回风。
瓢弃樽无绿,炉存火似红。
数州消息断,愁坐正书空。

此诗为同年冬于长安所作。面对雪景,杜甫痛心于深刻的战况。此诗为五言律诗,以平声字"翁""风""红""空"押韵。

"新鬼",新死之人。"瓢",葫芦竖着切成两半,用作饮酒的容器。"绿","绿酒",即酒。"火似红",指火苗若隐若现的微弱状态。"数州",家人所在的鄜州以及弟妹所在的几个州。"书空",用东晋殷浩事,殷浩被免官蛰居时,常在空气中书写"咄咄怪事"四字。"咄咄怪事",何等奇怪之事。

遣兴

骥子好男儿,前年学语时。
问知人客姓,诵得老夫诗。
世乱怜渠小,家贫仰母慈。
鹿门携不遂,雁足系难期。
天地军麾满,山河战角悲。
倘归免相失,见日敢辞迟。

诗题"遣兴",意为"即兴"。此诗比前二首稍晚,亦为长安时期的作品。与《月夜》主要以妻子为对象相比,此诗关注的重点则在于年幼的次子"骥子"。诗型为五言排律,以平声字"儿""时""诗""慈""期""悲""迟"押韵。

"骥子",次子宗武的乳名,尤为杜甫所疼爱。当时大约刚满三岁。稍后,杜甫又创作了五律《忆幼子》,其后亦常常提及这个小儿子。"学语",幼儿开始学说话。陶渊明《和郭主簿》:"弱子戏我侧,学语未成音。""老夫",作者自称。如此诗一般对小孩子动作的描写,除去陶渊明等极少数例外以外,在以往的诗中极为少见,从中亦可看出杜诗崭新的一面。

"渠",第三人称代名词的口语表达方法。"鹿门",位于今湖北省襄阳市的鹿门山。东汉庞德公为采集药草携妻登鹿门山不归,后以鹿门山喻隐遁之地。"雁足",用西汉苏武事。被匈奴俘虏的苏武在雁足上缠上自己的书信,向故国通报自己依然活着(实际上是汉朝的使者为了欺骗匈奴编造的谎话)。从这个故事衍生出了"雁书"一词,意为书信。"麾",指挥作战的旗帜。"战角",军中使用的号角。

春望

国破山河在,城春草木深。
感时花溅泪,恨别鸟惊心。
烽火连三月,家书抵万金。
白头搔更短,浑欲不胜簪。

诗题"春望"意为春天的远眺。至德二载（757）三月作于长安。此诗在杜甫的众多诗作当中亦属脍炙人口的名作。诗型为五言律诗，以平声字"深""心""金""簪"押韵。

"国"，小至国都，大至国家。"破"，支离破碎。然而，"山河"即大自然则超越了人类的活动，永恒不变地存在。"城"，被城墙包围的都市。"春"，用作动词，意为"春天来了"。"感时""恨别"二句，平时令人耳目愉悦的花开与鸟鸣在这种丧失了秩序的局势之下反而平添悲愁。亦有说法将"溅泪""惊心"的主体解释为"花""鸟"自身，若依此说，则可读作"花亦溅泪""鸟亦惊心"。

"烽火"，作为告知战况危急的信号的烽烟。"三月"，阴历三月，正是春光灿烂之时。亦有说法认为此诗作于前一年，"三月"指安史之乱发生已经三个月。"家书"，来自家人，特别是妻子的书信。"短"，（头发）变薄变少。"浑"，几乎。"不胜"，难以。"簪"，为将冠帽系在头发上而使用的簪子。头发变薄后，冠帽已经不能稳妥地戴好。

与家人离散的杜甫个人的忧愁为此诗的核心，并与为支离破碎的国家的现实担忧的心情产生共鸣，而这一点正是此首兼具社会性诗歌的魅力之所在。

此后，情况发生了变化，或者说是杜甫使情况发生了变化。作《春望》的次年四月，杜甫冒险从长安脱身，投奔至离长安西面约二百公里的凤翔（今陕西省凤翔县）处肃宗建立的临时政府。下面介绍当时杜甫所作的表达感激之情的三首组诗中的第一首诗。

喜达行在所　其一
　　西忆岐阳信，无人遂却回。
　　眼穿当落日，心死着寒灰。
　　雾树行相引，莲峰望忽开。
　　所亲惊老瘦，辛苦贼中来。

"行在所"，临时首都，此指凤翔。题下自注云："自京窜至凤翔。"诗型为五言律诗，以平声字"回""灰""开""来"押韵。

"忆"，过度思虑。"岐阳"，岐山以南，指凤翔。"却回"，返回"长安"，口语的表达方法。望眼欲穿地凝视落日，是因为太阳向西方落去，而行在所凤翔正位于西方。"寒灰"，火烧尽后冷却的灰烬。"着"，亦为口语表达方法，与"在"相近。亦有说法认为与"作"或"成"同义，读作"成寒灰"。

"雾树"，笼罩在朝雾或夕霭中的街道两旁的树木。杜甫一定是选择人烟稀少的早上或晚上出逃的。组诗第三首中有"犹瞻太白雪"一句，或指太白山（在凤翔东南隔渭水相望的一座山）。"莲峰"，莲花形状的山峰，或指杜甫目的地凤阳近郊耸立的山峰。山的状貌忽然呈现在了眼前。"开"字寄托了杜甫的安心与喜悦。"所亲"，向来亲近的人。结句"辛苦贼中来"是杜甫对来迎接自己的亲朋的回应。

杜甫的脱逃之旅可以说是一个戏剧性的纪录片，而这一纪录片在五言八句的定型模式中，一边压抑着强烈的感动一边被书写出来。

由于奔赴凤翔的功绩得到肃宗赞赏，杜甫被授予了左拾遗的官职。这是杜甫第一次获得一个像样的地位。想必他也抱有极大的感激之情。然而，他作为官员的路途亦绝不顺遂，不过此处暂且按下不表。曾被他描述为"家书抵万金"的来自妻子的书信终于寄到，这对于杜甫来说是无上的喜事。杜甫迅速得到了皇帝的许可，踏上了前往鄜州与家人相会的旅途。鄜州在凤翔东北面直线距离约二百五十公里处。详细记述这段旅程的长篇五言古诗《北征》（参见第44页）的开头记录出发的日子是"皇帝二载秋，闰八月初吉"。也就是说杜甫是在至德二载（757）闰八月一日从凤翔出发的。从凤翔到鄜州约需半个月的时间。

接下来介绍描写与家人重逢的喜悦之情的《羌村》三首。

羌村三首　其一

峥嵘赤云西，日脚下平地。
柴门鸟雀噪，归客千里至。
妻孥怪我在，惊定还拭泪。
世乱遭飘荡，生还偶然遂。
邻人满墙头，感叹亦歔欷。
夜阑更秉烛，相对如梦寐。

"羌村"，鄜州的一个村落。此诗为三首组诗的五言古诗。第一首描写还家的情景，以仄声（去声）字"地""至""泪""遂""欷""寐"押韵。

"峥嵘",叠韵词,形容高耸貌。"日脚",从云朵之间斜射下来的日光。开头两句写明到家的时间。喜鹊的叫声自古以来被认为是来自远方的客人到来的预兆,"鸟雀噪"当亦与之相通。亦有说法称"雀"当作"鹊"。"归客",将自身客观化。"妻孥",妻子儿女。"在",生存。"飘荡",四处漂泊不定貌。"亦",邻人也(与我的家庭一样)。"歔欷",抽泣,双声词。结尾"夜阑"二句,描写入夜后与家人特别是妻子的谈话。与妻子有着无尽的话语需要倾诉,甚至到了舍不得睡觉的地步。杜甫携妻来到鄜州是在前一年七月,经历了一年多的时间,终于实现了与家人的再会。

其二

晚岁迫偷生,还家少欢趣。
娇儿不离膝,畏我复却去。
忆昔好追凉,故绕池边树。
萧萧北风劲,抚事煎百虑。
赖知禾黍收,已觉糟床注。
如今足斟酌,且用慰迟暮。

第二首描写还家后的日常生活。以仄声(去声)字"趣""去""树""虑""注""暮"押韵。

"偷生",亦见于《石壕吏》(参见第75页),设法生存下去。"欢趣"之"欢",同"欢"。"娇儿",宠爱的孩子,或指次子骥子。当年在父亲膝上缠着父亲的宠儿,如今父亲想要将其抱在怀中,反而"却去",向后躲避。或许是回到家中的父亲因为日常的辛劳面露愁容,所以令幼子感到难以亲近。"忆昔"二句,前一年初来此地时的回忆。"好",催促的吆喝声。[1]"萧萧",风吹貌。"抚事",诸事。

"糟床",酿新酒的器具。"斟酌",双声词,酌酒而饮。"迟暮",年纪渐渐增长,语出《楚辞》。见到久别重逢的家人,回到日常生活当中后,素来思虑的种种事情都浮上心头,亦平添了许多烦恼。

其三

群鸡正乱叫,客至鸡斗争。
驱鸡上树木,始闻扣柴荆。
父老四五人,问我久远行。
手中各有携,倾榼浊复清。
苦辞酒味薄,黍地无人耕。
兵革既未息,儿童尽东征。
请为父老歌,艰难愧深情。
歌罢仰天叹,四座泪纵横。

第三首描写邻人举办欢迎杜甫回家的宴会。以平声字"争"

---

[1] "好":似为喜欢之意。——编按

"荆""行""清""耕""征""情""横"押韵。

群鸡的场景在中国农村是十分平常的。如汉代歌谣《鸡鸣》（《乐府诗集》卷二十八）所说的"鸡鸣高树巅，狗吠深宫中"，鸡上树的风景在今天的中国北方依然十分常见。"柴荆"，柴门。"父老"，地方有势力的长老。"媿"，同"愧"。"四座"，占据四方座席的人们。"艰难"，叠韵词。

此诗与陶渊明《饮酒》二十首其九中所描写的村人饮酒的盛况有着相似的意趣。或许杜甫从陶渊明处有所借鉴。

在动荡的年代，除了家人，杜甫还经历了与许多人的相识、离别与再会。接下来介绍的五言古诗被认为作于乾元二年（759）春，杜甫任华州司功参军时。诗中描写了杜甫与旧友戏剧性的再会。此诗为杜甫因公务前往洛阳后的归途中所作。与前面一章介绍的《石壕吏》时期相近。

赠卫八处士

人生不相见，动如参与商。
今夕复何夕，共此灯烛光。
少壮能几时，鬓发各已苍。
访旧半为鬼，惊呼热中肠。
焉知二十载，重上君子堂。
昔别君未婚，儿女忽成行。
怡然敬父执，问我来何方。

>问答乃未已,儿女罗酒浆。
>夜雨剪春韭,新炊间黄粱。
>主称会面难,一举累十觞。
>十觞亦不醉,感子故意长。
>明日隔山岳,世事两茫茫。

"卫八处士","卫"是姓,"八"指包含表兄弟在内的广义的兄弟顺序即所谓"排行"第八的人,"处士"表示没有官职。此外,没有其他与此人相关的更为具体的传记。此诗以平声字"商""光""苍""肠""堂""行""方""浆""粱""觞""长""茫"押韵,一韵到底。接下来分为五段细读。

>人生不相见,动如参与商。
>今夕复何夕,共此灯烛光。

"参",猎户座。"商",天蝎座。参位于西方的天空,商位于东方的天空,二者不会同时出现,以此比喻二人本无机会相见。即后面诗句中所说的"会面难",此亦为人类社会的一个普遍命题,而如今二人好像背叛了这一命题一般,"共此灯烛光"。笔锋从抽象的比喻转向眼前的"灯烛"这一具体事物,这种描写亦是诗歌韵味之所在。

>少壮能几时,鬓发各已苍。

> 访旧半为鬼，惊呼热中肠。

"少壮"句，汉武帝《秋风辞》（《文选》卷四十五）："少壮几时兮奈老何。""苍"，头发中夹着白发。"访"，同"问"。"鬼"，死者。

> 焉知二十载，重上君子堂。
> 昔别君未婚，儿女忽成行。
> 怡然敬父执，问我来何方。

"君子"，表达对对方敬意的用词。"堂"，客厅。曹魏王粲《公宴诗》（《文选》卷二十）："高会君子堂。""行"，意为"列"。"怡然"，欢喜貌。"父执"，语出《礼记·曲礼》，指父亲的友人。

> 问答乃未已，儿女罗酒浆。
> 夜雨剪春韭，新炊闻黄粱。
> 主称会面难，一举累十觞。

"问答"，承前一节最后的"问"，这种承上启下的手法是歌谣调诗歌的一个特色。此诗虽不是歌谣调形式，但是杜甫亦导入了歌谣的技法，使诗歌带有一种新鲜感。"儿女"，亦有版本作"驱儿"，意为驱使儿女帮忙准备饭菜。"夜雨"，淅淅沥沥的春雨。雨中收割的韭菜又嫩又软。与粟米饭一样，虽然是简朴的饭菜，但其中包含了主人款待的心意。"觞"，酒杯。将"十觞"一饮而尽的不仅是主人，杜甫亦是如此。

> 十觞亦不醉，感子故意长。
> 明日隔山岳，世事两茫茫。

"十觞"承接前节的最后一词，亦为歌谣的手法。"子"，带有亲切意味的第二人称。"故意"，从以前一直存在的（对我的）态度。"世事"，自己所处的世间之事。"茫茫"，不确定且不透明的广阔空间。实现再会之后二人得以像现在这样共进晚餐，可以说是在无数的不确定条件中发生的一时的奇迹。正如桑原武夫先生所指出的，结尾二句"像一个圆环一般重新归结到了首句'人生不相见'"（《关于杜甫〈赠卫八处士〉》，《新唐诗选续篇》，岩波新书）。

此诗贯彻全诗叙述了自身的实际经历，通过描写生活中细微的实际情况，将登场人物宛若浮现在眼前一般活生生地表现了出来。最后，诗歌以暗示存在于此种日常行为之外并难以用人的智慧去预测的命运的茫然而告终。

第六章 | 曲江畔

为了解杜甫前期诗风之一面,本章将介绍几首作于长安曲江之诗。

"曲江"是位于长安城东南隅高地的曲江池,因其水流曲折而得名。作为长安首屈一指的名胜,特别是在玄宗着力整修之后人气高涨,深受从皇帝到庶民的各个阶层的喜爱。春三月三日上巳日,贵族们在此地召开盛大的宴会,十分热闹,而通过科举考试的进士们亦在此地举办祝贺的宴席。如杜甫所描写的一般,池畔酒家鳞次栉比。离宫芙蓉苑(亦作芙蓉园)与曲江东邻,但在安史之乱后,曲江池和芙蓉苑都遭到了极大的破坏,日渐荒废。这从杜甫的诗中亦可看出。杜甫自天宝年间的和平时期以来,常常造访曲江,创作诗歌。或许杜甫当时居住在离曲江不远的地方。

肃宗至德二载(757)春,长安仍被安禄山军占领时,杜甫路过了曾经熟悉的曲江池畔。眺望如今大门紧闭的宫殿,杜甫的心中不禁充满了诗人的感伤,在回顾往昔繁华的同时,将王朝的悲惨命运与他自身的悲伤相重叠,创作了长篇歌谣调七言古诗《哀江头》。此诗与前章介绍的律诗《春望》约为同一时期的作品。

哀江头

少陵野老吞声哭,春日潜行曲江曲。
江头宫殿锁千门,细柳新蒲为谁绿。
忆昔霓旌下南苑,苑中万物生颜色。
昭阳殿里第一人,同辇随君侍君侧。
辇前才人带弓箭,白马嚼啮黄金勒。
翻身向天仰射云,一箭正坠双飞翼。
明眸皓齿今何在,血污游魂归不得。
清渭东流剑阁深,去住彼此无消息。
人生有情泪沾臆,江水江花岂终极。
黄昏胡骑尘满城,欲往城南忘南北。

诗题"江头"指曲江畔。与《自京赴奉先县咏怀五百字》和《北征》一样,全诗以尾音为"-ok"的仄声(入声)字押韵,即所谓一韵到底。韵字为"哭""曲""绿""色""侧""勒""翼""得""息""臆""极""北"。每四句构成一节,不过在此为便于理解,将此诗分成四段解说。

少陵野老吞声哭,春日潜行曲江曲。
江头宫殿锁千门,细柳新蒲为谁绿。

"少陵",杜甫自称,来源于其出生地。《醉时歌》中有"杜陵野客"(参见第60页)之语。"吞声",憋住声音恸"哭",其原因则在于身处贼军占领之下。"江头宫殿",曲江沿岸的芙蓉苑离宫。现在大门紧闭之下幽静的宫苑在繁华的过去几乎是难以想象的,而在宫苑一旁,柳树和蒲草等草木却伴随着春天的到来吐出了嫩芽。之后,时间一下子飞跃到了过去。

> 忆昔霓旌下南苑,苑中万物生颜色。
> 昭阳殿里第一人,同辇随君侍君侧。
> 辇前才人带弓箭,白马嚼啮黄金勒。
> 翻身向天仰射云,一箭正坠双飞翼。

杜甫哀悼的人物终于在此处登场了,此人即一年前的六月十五日,在与玄宗一道逃亡蜀地(今四川省)的途中于长安西面的马嵬驿死于非命的杨贵妃。对于杨贵妃和杨氏一族的行为,杜甫以往一直持批判态度,但在此诗中却从心底哀悼杨贵妃的死,怀念过往的岁月。杨贵妃的死确实宣告了一个美好时代的终结。

"昭阳殿",汉代后宫的宫殿,因深受成帝(前33—前7年在位)宠爱而显赫一时的赵飞燕的居所。正如唐诗的惯例,此处亦利用汉代故事委婉地比拟当代的事实。"第一人",获得皇帝宠爱的第一人。"辇",天子所乘之车。"才人",女官的等级,正四品。女官骑马射箭并不是正规的职务,当是一种内部的游戏行为。"黄金勒",镀金的马辔。与"白马"一样,都表示鲜艳的颜色。女官放箭射下的"双飞翼"——亦即比翼鸟——暗示玄宗和杨贵妃不祥的命运。

接下来,诗歌从华丽的游宴转向阴暗的场面。

> 明眸皓齿今何在,血污游魂归不得。
> 清渭东流剑阁深,去住彼此无消息。

"明眸皓齿",鲜亮的眼睛和雪白的牙齿,形容美女,此处当然指杨贵妃的容颜。玄宗相伴杨贵妃向蜀地逃难,抵达马嵬驿时,因将士们的强烈要求,不得不同意赐死身为战乱远因的杨贵妃。此段悲剧,在后世白居易的《长恨歌》中亦有所描写。"游魂",杨贵妃彷徨的魂魄。一个"血"字暗示了事件的悲惨。"归不得",欲归不得归,口语的表达方法。"渭",渭水,在马嵬的南方向东流去。因其水清澈,故冠以"清"字。"剑阁",位于自长安入蜀途中(今四川省北部)要害处的山地。"去住彼此",逃往蜀地的玄宗和遗尸渭水畔的杨贵妃。二人的"消息"已经无法相通。玄宗失去了爱妃之后,如今又将帝位让给了儿子肃宗,一个人在逃亡地失意不已。

> 人生有情泪沾臆,江水江花岂终极。
> 黄昏胡骑尘满城,欲往城南忘南北。

"人生有情"四句,将杨贵妃的悲剧与杜甫自身的感慨相重合。人生在世,自然是有感情的,听说了杨贵妃悲惨的结局,无论是谁都会落泪。"人生有情"句通常并不是入韵句,但是在此诗中为了强调其为最后一节的开始而押韵。"江水江花",曲江畔盛开的花朵。水流无休止,春天花常开。开头的"细柳新蒲"已经描写了这种状态。与人类世界的变迁无关,自然的行为没有"终极",而是永远持续的。而为杨贵妃的悲惨命运落泪的人之常情,亦不会终止。如果此二句可以这样解释的话,那么就与白居易《长恨歌》的结句"此恨绵绵无绝期"存在相通之处。

"胡骑",胡人骑兵。叛将安禄山是粟特人和突厥人的混血,可以想象,他的麾下一定也有很多少数民族出身的兵士。"城",城墙包围的长安城。"城南",城市的南部,或指杜甫家所在的位置。然而,视野被茫茫尘埃笼罩,连方向都迷失了。这亦暗示贼军占领下的社会整体笼罩在巨大的不安之中而无法确定前进方向的一种状态。

南宋初期的批评家张戒将同以杨贵妃为主人公的杜甫的《哀江头》与白居易的《长恨歌》作比较,认为杜甫对杨贵妃的描写是"婉而雅",即婉曲而典雅,称赞其在各个方面都远超《长恨歌》(张戒《岁寒堂诗话》卷上)。

创作《哀江头》诗后不久,杜甫的人生又遭遇了巨大的波澜。如前所述,是年四月,杜甫冒着危险从安禄山军占领下的长安脱身,奔赴肃宗行在所在的凤翔。由于此番功劳,杜甫被任命为左拾遗。左拾遗为隶属门下省的侍从职,位居从八品上,负责劝谏天子的过失。杜甫可以说是终于如愿以偿地获得了一个正规的官职。然而，喜悦的时间是短暂的，由于为被免去宰相之职的房琯辩护，杜甫触怒了肃宗，险些获罪。房琯虽然深受玄宗重用，但因在指挥收复长安的战事中失败，到了肃宗的时代后失去了肃宗的信任，况且肃宗与先帝玄宗的关系亦未必十分融洽。杜甫虽然直率地表达了对房琯的仰慕之情，但这实际上是逆时代之流而行。他依然拙于处世。杜甫之所以能够得到休假前往鄜州探望家人，实际上亦是因为他已经不再是肃宗朝廷所需要的人才了。虽然官位并没有被剥夺，但实质上已经是一个可有可无的存在。

九月，官军收复长安。十月，肃宗自凤翔返回，国家存亡的巨大危机暂时告一段落。杜甫亦跟随皇帝一行由鄜州返回了长安。

次年乾元元年（758）晚春，杜甫再游曲江，创作了以《曲江》二首为代表的四首连作七言律诗《曲江》。这几首诗与《哀江头》的哀伤不同，有着杜诗中罕见的颓废派风格。这反映了杜甫当时的精神状态。

长安当时虽然从贼军的占领下得以解放，但和平的到来依旧十分遥远。杜甫自身好不容易得到的官职亦因房琯一事险遭剥夺，当时正身处一种前途未卜的不安定的状态当中。杜甫的家人应当亦回到了长安，但在战乱刚刚平定的首都，生活一定是十分令人不安的。与杜甫多年往来密切的年长友人郑虔在前一年底也被左迁至遥远的台州（参见第66页），而诗友岑参（约715—770）和高适亦在是年春天转任地方官。对于杜甫来说，存在着太多足以使他不安的条件。当时他的心境一定是处于穷途末路的窘境之中的。作为排遣忧愁的方法，他只能每天在回家的路上到曲江畔的酒家借酒消愁。在杜甫心中交织着多种不安，他也时常陷入一种空虚的情绪当中。

接下来介绍与曲江相关的四首诗中的其中三首。

  曲江二首　其一
  一片花飞减却春，风飘万点正愁人。
  且看欲尽花经眼，莫厌伤多酒入唇。
  江上小堂巢翡翠，苑边高冢卧麒麟。
  细推物理须行乐，何用浮名绊此身。

此诗为七言律诗，以平声字"春""人""唇""麟""身"押韵。"减却"，减退。"却"，口语表达方法中的助词。"万点"，指数不尽的花瓣。七言的节奏当为〇〇／〇〇／〇〇〇，但颔联（第三、第四句）则为"且看／欲尽／花经眼""莫厌／伤多酒／入唇"的变格形式。"伤多"，过多，太多意。"江上"，水畔。"小堂"，或指池塘周边修建的"亭子"。据李肇《唐国史补》卷下，此地常举办考中进士者的庆祝宴会。"翡翠"，翠鸟，一种有着鲜艳的青绿颜色羽毛的小鸟。然而，这种美丽的鸟在失去了往昔繁华而一片荒废的亭子上筑巢。"苑"，与曲江东邻的芙蓉苑。据清·徐松《唐两京城坊考》（参见书后地图），芙蓉苑位于曲江池南，但最近的发掘调查显示，二者是东西相邻的。"高冢"，用土丘堆砌的陵墓。通向陵墓的路两旁的石像"麒麟"（想象中的神兽）处于一种"卧"的状态，说的是倒下的状态。这自然是无情的战乱的结果。"物理"，事物的道理。"行乐"，尽情享乐。"浮名"，没有实质的名声。这是对自己忙于追求虚名的自嘲。

律诗通常避免重复使用同一文字，而此诗却使用了两次"花"字。这与前面所述的颔联变格一样，或许是有意地使用了不规则的形式。

其二

朝回日日典春衣，每日江头尽醉归。
酒债寻常行处有，人生七十古来稀。
穿花蛱蝶深深见，点水蜻蜓款款飞。
传语风光共流转，暂时相赏莫相违。

此诗以平声字"衣""归""稀""飞""违"押韵。

"朝"，官署。杜甫执行公务的场所在门下省。"典"，典当。这一词语很少用在诗中。典当"春衣"是因为春天快要结束了，用典当春衣换得的钱充当酒钱。"人生七十古来稀"，或许是直接使用了当时的谚语。将七十岁称作"古稀"即源于此句。值得一提的是，杜甫应当是下午结束工作，在曲江畔的酒家饮酒至傍晚，因为入夜后的长安是禁止通行的。

"穿花"，蝴蝶在盛开的花朵中穿梭飞舞貌。"点水"，蜻蜓用尾部接触水面飞舞貌。"款款"，同"缓缓"，缓慢貌。"蛱蝶""蜻蜓",均为元音相同的叠韵词。"传语",发话。"风光",同"风景",春天的景色。"赏",特别用在欣赏自然的风物时。

此处可以看出,杜甫意图通过凝视眼前自然的细小的动态,给前半描写的厌倦现实陷入敷衍情绪的自己以一个短暂的放松。

曲江对酒
苑外江头坐不归,水精春殿转霏微。
桃花细逐杨花落,黄鸟时兼白鸟飞。
纵饮久判人共弃,懒朝真与世相违。
吏情更觉沧洲远,老大悲伤未拂衣。

此诗与《曲江》二首约为同一时期的作品,诗型为七言律诗,以平声字"归""微""飞""违""衣"押韵。

"苑",芙蓉苑。坐在"江头",与《曲江》其二一样,沉溺于饮酒。"水精",同"水晶"。"水精春殿",有几种解释,这里解为像水晶一般璀璨的春天的宫殿。"转",愈加。"霏微",元音相同的叠韵词,朦胧貌。"杨花",柳絮。粉红的桃花和洁白的柳絮交相飞舞。"黄鸟",一般是黄莺,此处的重点在于黄与白的对照。此诗的节奏"桃花 / 细逐杨花 / 落""黄鸟 / 时兼白鸟 / 飞"亦非律诗的常格。通常律诗中亦不会出现重复使用"花"字和"鸟"字的现象。

"纵饮",尽情畅饮。"判",口语的表达方法,同"拼",甘于。"朝",动词,出仕朝廷旅行职务。"沧洲",仙人所居的自由世界。"老大",年岁增长。"拂衣",振衣而去,指干脆地离去。这是对一面因不满于现状而忧郁一面又不死心的自己的自嘲之语。

晚唐诗人杜牧(803—853)晚年创作了几首回顾自己放荡的青春时代的诗歌。其中有"觥船一棹百分空,十岁青春不负公"(《题禅院》)、"落魄江湖载酒行,楚腰纤细掌中轻"(《遣怀》)等名句。放纵的日子总是离不开酒和美女的,而今的回忆中却伴着辛酸。与之相对,杜甫的放荡都以现在进行时的状态描写,并且还是建立在一个头发开始花白的中年男性身上的。对于他来说,当下的日子已经足够辛酸了。

这几首诗中荡漾的极度自暴自弃的情绪暗示着杜甫对战乱的前景和自身的将来所抱有的不安。并且,这种不安是十分现实的。是年六月,杜甫为之辩护并因而触怒肃宗的前任宰相房琯被左迁至地方官,与此同时,被视为同党的杜甫亦转任华州(今陕西省渭南市华州区)司功参军(从七品下)。作为诗人的杜甫以此为契机开拓了新的诗境,但作为官吏,他也饱尝了巨大的失意。

第七章 | 漂泊伊始——秦州、同谷至成都

乾元二年（759）七月，因公前往洛阳后返回华州任上不久，杜甫又做了一件果决的事。他抛弃了华州司功参军的地位，带领家人向西迁居至遥远的秦州（今甘肃省天水市）。此前，他亦曾有过几次果决的行动，比如从鄜州奔赴灵武的行在所，又逃出贼军占领下的长安奔赴凤翔的行在所等。当杜甫思虑再三，他就会果断地将信念付诸行动。

五言律诗《立秋后题》吐露了杜甫辞官的决心，诗的后半部分云：

> 平生独往愿，惆怅年半百。
> 罢官亦由人，何事拘形役。

此段明显受到了陶渊明《归去来兮辞》"既自以心为形役，奚惆怅而独悲"的影响。可以说这是杜甫的《归去来兮辞》。

从左拾遗左迁至华州司功参军，对于杜甫来说并不是一件愉快的事，他明显不满足于当前的地位。然而，他有责任养家。当

时，关中一带遭遇了大规模的饥荒。为了养家糊口，杜甫试图前往食粮充足的地方。最终，他决心抛弃对地位的眷恋，西行而去。

此前杜甫亦曾经历过数度长途旅行，但多为只身一人的旅行。这一次则是携家带口的大规模的旅行。对于他来说，一定有着相当程度的心理负担。秦州位于长安西面三百余公里处，是前往西域的交通要冲。为了到达秦州，就必须翻越分隔陕西和甘肃的陇山这一有名的难关。前往秦州的旅行同时亦是杜甫后半生长时间漂泊生活的开始。

杜甫因为不适应秦州的水土而感到痛苦。他在秦州仅逗留了三个月，而对当地的不适应同时强烈激起了他诗歌创作的欲望，在此地创作了不少诗歌。在秦州的经历开创了杜甫诗歌的一个新境界。这些诗多为五言诗，尤以五言律诗居多。初次经历的别样的水土使他的感性变得异常敏锐，可以说是环境和心理的不调和成就了这种短小的诗型。首先，从最具代表性的五言律诗《秦州杂诗》全二十首中选出三首进行介绍。

秦州杂诗二十首　其一

满目悲生事，因人作远游。
迟回度陇怯，浩荡及关愁。
水落鱼龙夜，山空鸟鼠秋。
西征问烽火，心折此淹留。

此诗为连作的第一首,带有全篇序言的性质,讲述了抵达秦州的原委。以平声字"游""愁""秋""留"押韵。

"生事",人世间的境遇。"因人",依靠人。当时,杜甫的侄子杜佐在秦州东柯谷筑草堂而居,而长安大云寺长老赞上人亦迁居此地。杜甫一定是依靠他们才来到的秦州。"远游",遥远的旅途。《楚辞》中有《远游》篇。"迟回",迟钝不前貌。"陇",横贯陕西与甘肃之间的大型山脉,海拔约二千米,据说翻越其曲折险峻的山路需要七天的时间。"浩荡",无尽宽广貌。在表明群山广阔的同时,亦写出了不安情绪的蔓延。

"鱼龙",水名。传说中,有五色鱼栖于此水,变身为龙。"鸟鼠",山名。据说,在此山中,鸟鼠雌雄成对栖于同穴。鱼龙川和鸟鼠山都是有着怪异传说的怪异地名,似乎暗示着对秦州这一位置地域的不适之感。"淹留",逗留。责问如今的战况,确认了眼下的安全,于是亦只得意志消沉地决定逗留于此地。

其四

鼓角缘边郡,川原欲夜时。
秋听殷地发,风散入云悲。
抱叶寒蝉静,归山独鸟迟。
万方声一概,吾道竟何之。

第四首描写秋天的夕阳下伫立于河边的荒原,一边眺望山野的风景,一边思索人生的前途。以平声字"时""悲""迟""之"

押韵。

"鼓角",军中鸣响的战鼓和角笛。作为战时象征的"鼓角"之声响彻此"缘边"之地,即接近国境线的秦州。"鼓角""欲夜",均为辅音相同的双声词。"缘边""川原",均为元音相同的叠韵词。通过在发音上独具匠心的对偶句式,营造了一种沉重的氛围。"殷",声音响彻貌。

有关"风散""抱叶"二句,吉川幸次郎先生指出:"这一联的先锋性即使是在杜甫的诗中亦极为特殊,同时亦是杜甫自身的象征。杜甫难道渴望'抱叶寒蝉'或'归山独鸟'吗?如果说背井离乡的人将对故土的思念寄托于归鸟的话,那么这就是意识层面上的比喻。但这并不是此种意识层面上的比喻,而是这两种事物作为先于意识的表象与杜甫的内心串联在一起。"(《鼓角》,《吉川幸次郎全集》第十二卷)"一概",一样。"吾道",既是接下来旅途的前进方向,亦包含道义层面上的"道"之意。

秦州的水土对于杜甫来说是别样的,这种水土与杜甫的神经相抵触,唤醒了他以往诗歌中所没有的过度敏锐的感性。下面几首诗就是其代表:

其七

莽莽万重山,孤城山谷间。
无风云出塞,不夜月临关。
属国归何晚,楼兰斩未还。
烟尘独长望,衰飒正摧颜。

此诗描写了杜甫不适应边境的自然景观而茫然伫立沉思之貌。以平声字"山""间""关""还""颜"押韵。

"莽莽",重叠貌。无风而起的云,不夜而升的月,都是超越了常识性感官的现象。这使诗人的神经变得敏感,激起了他的诗兴。而战争的影响在这一边境地区亦不例外。"属国",典属国之略,为汉代官名,掌管从属于汉朝之周边各国的职位。苏武在结束于匈奴的漫长的拘禁生活返回后就被任命为此职。此借其事指派遣至吐蕃的使者。"楼兰",国名,汉代时存在于今新疆维吾尔自治区罗布泊周边。此借西汉傅介子出使楼兰带回国王首级事比喻吐蕃。"衰飒",形容衰竭消瘦貌,双声词。

月夜忆舍弟

戍鼓断人行,边秋一雁声。
露从今夜白,月是故乡明。
有弟皆分散,无家问死生。
寄书长不达,况乃未休兵。

此诗亦作于秦州,描写仰望月亮思念久别的胞弟们之情景。仰望月亮思念亲近之人的创意已见于《月夜》诗(参见第80页)。诗型为五言律诗,以平声字"行""声""明""生""兵"押韵。

"戍鼓",在戍楼(岗楼)上击打的鼓。既是报时的信号,又是通报紧急情况的警报。在城墙包围的城中,城门按照"戍鼓"的信号在早上开启,晚上关闭。这表明杜甫居住在生活受"戍鼓"管制的秦州城内。"露从今夜白",指时至二十四节气之白露时节。在立秋一个月后,阳历9月8日前后。深秋时节,夜间会出现露水。

"有弟"句,就史实来看,杜甫有颖、观、丰、占四个弟弟,末弟占与杜甫同行,其他弟弟据说分散在阳翟(今河南省)和济州(今山东省)等地。稍早之前在华州司功参军任上时的作品中亦有《忆弟》二首和《得舍弟消息》等诗,从中可以看出杜甫挂念弟弟们的心情。

初月

光细弦初上,影斜轮未安。
微升古塞外,已隐暮云端。
河汉不改色,关山空自寒。
庭前有白露,暗满菊花团。

"初月",新月。此诗亦作于秦州。六朝以来的诗中,为了表现某种机智的风趣,常将新月比作美女的细长眉毛,但与圆月不同,极少有从正面描写其纤细美感的作品。而杜诗此后亦有描写新月的作品,其纤细不安的姿态中寄托了作者心中微妙的战栗,呈现出一种独特的美感。诗型为五言律诗,以平声字"安""端""寒""团"押韵。

"弦初上",初月的弦略微向上。"影",月影。"河汉",天河。月光越明亮,天河就越模糊,而此时月光太过微弱,所以

"不改色"。"暗",既包含不知何时之意,或许也意味着不及新月之光的黑暗。"团",露凝结成珠。

此诗中描写的"初月"的纤弱与不安,似乎象征着移居秦州这一未知土地的作者心境的不安。杜甫最终也没能适应这一通往西域入口的边境之地的风土人情。起先,杜甫计划在秦州郊外定居,得到了故交赞上人的帮助,物色土地以修筑草堂,但后来放弃了这一计划,在移居此地仅三个月后,杜甫就离开了秦州,携全家再度移居至南方一百二十余公里处的同谷(今甘肃省成县)。

乾元中寓居同谷县作歌七首
其一

有客有客字子美,白头乱发垂过耳。
岁拾橡栗随狙公,天寒日暮山谷里。
中原无书归不得,手脚冻皴皮肉死。
呜呼一歌兮歌已哀,悲风为我从天来。

此诗于乾元二年(759)十一月作于同谷。杜甫在此地仅逗留了一个月,十二月就迅速向蜀地进发了。此诗为歌谣调七言古诗,共七首,通称"同谷七歌"。这里介绍第一首。第一首以仄声(上声)字"美""耳""里""死"押韵后换韵,又以平声字"哀""来"押韵。

"有客有客",直用《诗经·周颂·有客》的"有客有客,亦白其马"。"子美",杜甫的字。开篇先自报家门,使全诗整体带有谐谑的趣向，但在漫画般的基调中亦带有几分自虐的苦楚。第三句"橡栗""狙公"云云，用《庄子·齐物论》篇中"狙公"与猿猴争论分配饵食"朝三暮四"之事。"橡栗"，橡树和栗树的果实。不过，这里对《庄子》故事的引用仅停留于表面，述说了当时杜甫苦难的生活状态已经到了需要捡拾树木果实充饥的地步。"一歌"，表明此诗为七首诗中的第一首。后面的诗则依序为"二歌""三歌"等。"兮"，调整语调的助词。

在从秦州移居至同谷时，杜甫曾期待此地气候温暖、粮食丰富。然而，"同谷七歌"中描写的贫穷困苦的生活则说明他的期待完全落空。第二首诗中描写了备受饥饿煎熬而发出呻吟声的年幼子女，第七首则述说了长达三年的时间为饥饿所迫奔走于荒凉山路的情景。由于在同谷的生活不堪到需要捡拾树木果实的地步，所以自然无法在此地久留。同年十二月一日，杜甫一家离开了同谷，冒着严寒，穿越有名的蜀栈道，向南方的成都进发，继续苦难之旅。

在离开同谷时写下的诗《发同谷县》中，杜甫写下了"一岁四行役"的诗句。为了将家人从饥饿的痛苦中拯救出来，杜甫下决心第四次踏上旅途。直到抵达成都为止，杜甫写下了十二首纪行诗（均为五言古诗），接下来介绍其中二首。

飞仙阁

土门山行窄，微径缘秋毫。
栈云阑干峻，梯石结构牢。

> 万壑欹疏林，积阴带奔涛。
> 寒日外淡泊，长风中怒号。
> 歇鞍在地底，始觉所历高。
> 往来杂坐卧，人马同疲劳。
> 浮生有定分，饥饱岂可逃。
> 叹息为妻子，我何随汝曹。

"飞仙阁"，阁道或栈道名，位于兴州（今陕西省略阳县）东二十公里处。架设在险峻的悬崖上的木质结构的桥称"阁"。据说"飞仙"之名起源于古时在此地化鹤升仙之人的故事。"飞"，同时包含高而险之意。此诗为成都纪行诗的第五首。前半描写险峻栈道的风景，后半叙述稍事休息时对旅途的感慨。诗型为五言古诗，以平声字"毫""牢""涛""号""高""劳""逃""曹"押韵。

"秋毫"，秋天野兽身上新长出的细毛，比喻栈道狭窄貌。"阑干"，形容大量涌出貌，叠韵词。"梯石"，石段。"结构"，（石的）结构，双声词。"万壑"二句，自栈道俯瞰的视野所及。"淡泊"，冬天日光微弱貌。

"歇鞍"句起描写稍事休息的场景。"往来"，指过往的旅人。自己和家人亦混迹其中，或"坐"或"卧"地休憩。"始"，直到现在休息时四下张望才注意到之意。"浮生"，漂荡无常的人生。"定分"，（由天）定好的命运。"饥饱"，饥饿与饱腹，此处专指前者。"汝曹"，你们。

经历了如此漫长的苦难之旅，杜甫一家终于在这一年快要结束时抵达了目的地成都——蜀地的中心。

成都府

翳翳桑榆日，照我征衣裳。
我行山川异，忽在天一方。
但逢新人民，未卜见故乡。
大江东流去，游子去日长。
曾城填华屋，季冬树木苍。
喧然名都会，吹箫间笙簧。
信美无与适，侧身望川梁。
鸟雀夜各归，中原杳茫茫。
初月出不高，众星尚争光。
自古有羁旅，我何苦哀伤。

此诗叙述抵达目的地成都时的心情，为成都纪行诗的第十二首。成都，唐代行政区划中属剑南道，肃宗至德二载（757）改称府。据《新唐书·地理志》，此地共十六万九百五十户，人口九十二万八千一百九十九。诗型为五言古诗，以平声字"裳""方""乡""长""苍""簧""梁""茫""光""伤"押韵。

"桑榆"，日没处，西方。"忽在天一方"，苏武诗（《文选》卷二十九）："良友远离别，各在天一方。""未卜"，还未占卜（几时能够返回故乡），亦即没有指望之意。"大江"，一般指长江，此指其上游的岷江，流经成都。河流象征着时间的推移。"曾城"

之"曾",同"层",重重叠叠的城墙。"华屋",宏伟的房屋。"簧",原本指"笙"之舌(吹气时通过震动发声的部分),此处"笙簧"指笙之笛。"信美",用魏时王粲《登楼赋》(《文选》卷十一)叙述不适应异乡之地时所云"虽信美而非吾土兮,曾何足以少留"。"川梁",将小舟并排而成的桥,中原则位于此桥对岸之远方。"初月",初升之月。前面提到时期为"季冬",所以当非新月之意。

初来乍到之时,杜甫对成都这一陌生的土地也相当不适应,不过逐渐产生了感情。

第八章 | 致李白

李白与杜甫作为唐代最具代表性的两位大诗人广为人知。很早以前就有人试图分出二人的优劣,但这种行为说到底不过是一种毫无结果的争论。二人的个性和诗风对比过于鲜明,不适合用优劣来进行评价。

杜甫接受了士大夫式的教育,自始至终都抱有在官僚社会中争取上位的志向。在家庭中,杜甫总保持着一个诚实的丈夫和父亲的形象,身处饱受战乱之苦的时代,他也一直致力于供养家人。与杜甫相对,李白则是天生的无赖派诗人。他丝毫没有想要置身于官场上流的意识。虽然他曾一度获得翰林供奉的待遇出仕朝廷,但从未成为过正规的官吏。另外,李白似乎在他流浪的一生中每到一个新地方都结交新的女子为妻,丝毫没有受无聊的家庭拘束之意。

这两个完全相反之人在一生中实现了仅有的一次相遇。二人相遇后,立刻意气投合。这或许是由于二人分别在对方身上找到了自己所不具有的个性而互相吸引。杜甫在作为诗人的初期写下了几首赠给李白的诗作,后来又饱含情意地写下了几首回忆李白的诗作。在此选出其中若干首进行介绍。

赠李白

二年客东都,所历厌机巧。
野人对膻腥,蔬食常不饱。
岂无青精饭,使我颜色好。
苦乏大药资,山林迹如扫。
李侯金闺彦,脱身事幽讨。
亦有梁宋游,方期拾瑶草。

此诗为最早一首赠给李白的诗,作于天宝三载(744),杜甫三十三岁时。此诗为现存杜诗中时期最早的作品。李白比杜甫年长十一岁,当时四十四岁。大约两年前,李白由于才能获得玄宗认可,被授予了翰林供奉这一接受皇帝个人咨询的职务,开始出入宫中。然而,他自由的性格与宫廷生活自然并不协调。玄宗的侧近宦官高力士因被迫给醉酒的李白脱靴一事感到屈辱,一直怀恨在心。是年春,李白因高力士的谗言被逐出皇宫。虽然我们无法了解当时的详细情况,不过李白与杜甫的相识似乎正发生在此时。一般来说,称呼友人当用字,而此诗直呼本名"李白",实属罕见。或许当时杜甫和李白已经结下了一种十分亲密的关系。

此诗为五言古诗,以仄声(上声)字"巧""饱""好""扫""讨""草"押韵。

"东都",洛阳(今属河南省),与长安称"西都"相对。杜甫自数年前游历河北、山东一带，旅途的终点就是洛阳，当时在洛阳已经暂居了两年时间。"所历"，所经历之事。"机巧"，有意做事的方法、企图。"野人"，指自己。"野"字包含了既是乡下人又是无官之身的两重含义。"膻腥"，用鱼肉和动物肉做的荤腥菜。"蔬食"，与前者相对，指蔬菜等食物。不能满足地吃到喜爱的蔬菜，对着不习惯的大鱼大肉也只是给自己倒添麻烦。

"岂无"，并不是没有。"青精饭"，用浸渍在南烛草汁液中的米加工而成的食品，被认为是仙人的食物。"大药"，能获得长生不老的灵药。为了炼成这种名贵药物，就必须进入远离人烟的深山中。然而，为此必须付出巨大的代价，所以这种药物说到底与自己是无缘的。李白很早就修习道术，立志成仙，此处包含对李白的寒暄之意。杜甫自己在这一时期似乎亦对仙道抱有强烈的关注之意。

"李侯"，用敬称称呼李白。此句开始才提及李白的行动。"金闺"，金马门（未央宫宫门），为汉代宫中学士聚集处。此处用以比拟唐代的翰林院，指李白曾为翰林供奉。"脱"，指李白脱离了其职务。"幽讨"，追求幽远境界之意，暗指李白隐居山中努力修炼道行。"梁宋"，河南开封（梁）至商丘（宋）一带土地。李白"亦"与自己一样欲游此地。"瑶草"，具有长生不老效果的药草。郭沫若《李白与杜甫》中以其为"灵芝草"。

"梁宋游"如其言一般得到了实行，二人与另一位诗人高适（704？—765）一道，快乐地开始了随心所欲的放浪之旅。李白在大约十年前已经造访过此地，所以对于他来说是故地重游。

赠李白

秋来相顾尚飘蓬,未就丹砂愧葛洪。
痛饮狂歌空度日,飞扬跋扈为谁雄。

此诗与前一首诗一样,同以"赠李白"为题,但为七言绝句。与律诗相比,杜甫创作的绝句不多,而此诗为他的第一首绝句作品。在此意义上,这首诗亦可谓是一首罕见的作品。此诗大约作于"梁宋游"途中。放浪之旅虽然快乐,但这样的日子是脱离社会生活的正轨的,所以杜甫的心中多少有一些空虚。此诗在谐谑中寄托了相互之间沉郁未尽的情怀,以平声字"蓬""洪""雄"押韵。

秋天是使人心中悲哀情绪高涨的季节,而杜甫等人放浪的生活正处于秋天。"飘蓬",被称为"飞蓬""转蓬"的草,到秋天枯萎,连根拔起,随风飞舞。日本所说的"蓬"是另一种植物。"蓬"作为漂泊的象征,自古以来常常用于诗中。"丹砂",长生不老丹药的原料。葛洪(约284—341),神仙道的理论家,著《抱朴子》,探求炼丹秘法。杜甫或许在与李白一道而行的放浪生活中亦沉迷于仙道,然而却以未完的形式告终。"飞扬跋扈",随心所欲貌。

杜甫与李白的友情经历了此一时期的放浪生活变得极为亲密。与此诗同一时期创作的《与李十二白同寻范十隐居》诗中有"怜君如弟兄"的说法,又写道:"醉眠秋共被,携手日同行。"说的是二人喝醉酒后共被而眠,每日携手同行。当时杜甫还没有成家，独身一人十分轻松，或许正沉浸于随心所欲的彷徨的喜悦中。

之后，随着时间的流逝，二人转而走上不同的道路。天宝四载（745）秋，李白于鲁郡（今山东省济宁市兖州区）石门与杜甫告别，写下了送别诗（《鲁郡东石门送杜二甫》）。其结句云："飞蓬各自远，且尽手中杯。"此后，李白向南方继续放浪之旅，杜甫则返回了长安。之后，二人的一生中再无相见的机会。

春日忆李白

白也诗无敌，飘然思不群。
清新庾开府，俊逸鲍参军。
渭北春天树，江东日暮云。
何时一樽酒，重与细论文。

与李白分别之后，杜甫常常表达对李白的怀念，创作思念李白的诗歌。此诗为其中最初一首，作于分别不久之后。"忆"，思念不在眼前的人或物。同一时期杜甫还创作了《冬日有怀李白》诗。

此诗为五言律诗，以平声字"群""军""云""文"押韵。

"白也"，对李白亲切的称呼。名后加"也"进行称呼的表达方法在《论语》中多次出现。例如《为政》篇："回也不愚。""无敌"，无人匹敌。"飘然"，自由不受拘束貌。"不群"，超群。借以比喻李白优秀之处的两位诗人都是六朝时人。"庾开府"，庾信（513—581），生于南朝梁，后被北周征为骠骑将军、开府仪同三司，为六朝后期的大诗人，受到杜甫的尊敬。"鲍参军"，南朝宋的鲍照（414—466），宋临海王前军参军，尤以乐府体诗歌见长，亦是为李白所推崇的诗人。

"渭北"，渭水之北，指杜甫所在的长安。"江东"，长江下游地区，当时李白或许正逗留此地。"重"，再度。"论文"之"文"，广义的诗文。

其后又经过了十四年，杜甫来到了远离长安的西方的秦州。如第五章所述，杜甫为了逃离席卷陕西一带的大规模饥荒，于乾元二年（759）七月弃官来到遥远的秦州寻求食粮。此时，杜甫已经成家。这次旅行不同于当年与李白一道游历河南地方的轻松之旅，是为了生存的拼命之旅。在这块人生地不熟的土地上，杜甫度过了大约三个月的时光，同时创作了思念李白的诗作。

另外，李白在两年前隐居庐山时受到了永王璘（玄宗的第十六皇子）的邀请，成为幕僚。永王将作为诗人扬名天下的李白召入自己的麾下，应当是出于提高自身价值的目的。永王为平定安史之乱二起兵，却被兄长肃宗视作反叛者，遭到了军队讨伐，永王军大败。其背后则令人感到肃宗与父亲玄宗之间些许微妙的不和。结果李白被处以大逆罪，关押在浔阳（今江西省九江市）狱中。因相关人员的努力被免除了死罪，但被流放至边境夜郎（今贵州省）。李白经洞庭湖沿长江逆流而上前往流放之地，途中遇到大赦而被释放，之后他又顺长江而下，随心所欲地继续着放浪的生活。杜甫在遥远的秦州听到了李白获罪被囚的传闻，但似乎尚未得知他已经被释放而重新继续放浪之旅。当时杜甫写下了《梦李白》二首,对友人李白的安危表示担心。

梦李白二首 其一

死别已吞声,生别常恻恻。
江南瘴疠地,逐客无消息。
故人入我梦,明我长相忆。
恐非平生魂,路远不可测。
魂来枫林青,魂返关塞黑。
君今在罗网,何以有羽翼。
落月满屋梁,犹疑照颜色。
水深波浪阔,无使蛟龙得。

此诗为五言古诗,以仄声(入声)字"恻""息""忆""测""黑""翼""色""得"押韵。

"吞声",不发出声音的悲伤。梁·江淹《恨赋》(《文选》卷十六):"自古皆有死,莫不饮恨而吞声。""恻恻",深切悲伤貌。"江南",泛指长江中下游一带,站在北方的角度看,其地"瘴疠",即认为当地蔓延着因高温多湿的毒气引发的地方病。"逐客",作为罪人被放逐者。

"魂",被认为是游离于肉体而存在的形态,指李白在梦中呈现的姿态,意即非现实之人。"枫",枫树。南方多枫树,故用以象征李白所居之地。"关塞",边境的城寨,指杜甫如今所处的秦州。明朗的南方之"青"与暗淡的北方之"黑"形成了对照。"罗网",捕鸟用的细网,比喻李白作为囚犯被拘禁的牢狱,或可视作陷害李白的恶意象征。"蛟",蛟龙,龙的一种,栖于水中,与龙一样,都是迫害李白的恶人形象。

其二
浮云终日行,游子久不至。
三夜频梦君,情亲见君意。
告归常局促,苦道来不易。
江湖多风波,舟楫恐失坠。
出门搔白首,若负平生志。
冠盖满京华,斯人独憔悴。
孰云网恢恢,将老身反累。
千秋万岁名,寂寞身后事。

第二首以仄声(去声)字"至""意""易""坠""志""悴""累""事"押韵。

"浮云",无定所的象征。"游子",旅人,指李白。《古诗十九首》其一(《文选》卷二十九):"浮云蔽白日,游子不顾反。"一说认为此处受李白的五律《送友人》中"浮云游子意,落日故人情"的影响。

"告归",告假。"局促",坐立不安貌,叠韵词。"苦道",恳切地说。以下三句为李白的话语。"江湖",南方的江与湖。江南之地多江与湖。"舟楫",字面意思为舟与楫,但此处用此二字指舟。"搔白首",搔弄白发斑斑的头部。"搔""首",有担心之事时的动作。《诗经·邶风·静女》:"爱而不见,搔首踟蹰。""平生志",或指隐遁之志。李白隐居庐山时,不得不接受了永王的热情召唤。

"冠盖",冠帽与车盖,指使用冠帽车盖的位居高官的人物。"京华",京城。"斯人",对李白带有爱惜之情的表达方法。《论语·雍也》篇中孔子探视卧病在床的弟子冉伯牛时云:"斯人也,而有斯疾也。""顇领",同"憔悴",形容消瘦貌,双声词。"网恢恢",《老子》第七十三章:"天网恢恢,疏而不失。"自古以来就作为恶人必亡的格言为人所知。看到李白如今的样子,这句格言似乎也变得可疑了。"累",以绳缚(罪犯)。"千秋万岁"二句,受曹魏·阮籍《咏怀诗》其十一(《文选》卷二十三)"千秋万岁后,荣名安所之"影响。"寂寞",沉静貌,叠韵词。此处慨叹李白作为诗人流芳后世,在晚年却寂寞而毫无回报。

逗留秦州期间,杜甫又作了另一首追忆李白的诗,从中可以看出他对李白的强烈思念。

天末怀李白

凉风起天末,君子意如何。
鸿雁几时到,江湖秋水多。
文章憎命达,魑魅喜人过。
应共冤魂语,投诗赠汨罗。

"天末"，天边，极远之地，指秦州。秦州在杜甫的意识中就是这样的一个地方。杜甫在天边思念远在江南之地的李白。

此诗为五言律诗，以平声字"何""多""过""罗"押韵。

"君子"，称呼李白。"鸿雁"，大雁，一种候鸟。自西汉苏武故事（参见第82页）以来，大雁寄寓着书信之意。"江湖"，李白所在的江南，参见《梦李白》其二。"秋水"，秋季的大水。《庄子·秋水》篇："秋水时至，百川灌河。"

"文章"，诗文的总称。"文章憎命达"，自《史记·太史公自序》以来，常常有人主张文学上的成功反而源于逆境。"魑魅"，栖息于山水中的妖怪。"冤魂"，无辜遭罪而死之魂，特指古代楚国的诗人屈原。"汨罗"，屈原投身的江，流经今湖南省长沙市北部，注入洞庭湖。"投诗汨罗"，语出西汉贾谊作《吊屈原文》（《文选》卷六十）投入汨罗江事。

大约同一时期，杜甫还创作了一首题为《寄李十二白二十韵》的长篇五言排律。此诗曰"寄"，当确为寄给身处远方的李白的作品。之后，杜甫移居成都后，因为得不到李白的音信，所以作诗抒发了他绝望的悲叹。

不见

不见李生久，佯狂真可哀。
世人皆欲杀，吾意独怜才。
敏捷诗千首，飘零酒一杯。
匡山读书处，头白好归来。

诗题中的"不见",以诗开头二字为题,为《诗经》中常见的手法。题下自注云:"近无李白消息。"诗型为五言律诗,以平声字"哀""才""杯""来"押韵。

"李生"的"生"为略带敬意的尊称。"佯狂",装作狂人。"敏捷诗千首",令人想起《饮中八仙歌》中的"李白一斗诗百篇"(参见第54页)。"飘零",落魄貌。"匡山",或指今四川省江油市西面的大匡山,一说认为李白曾隐居的江西庐山亦称匡庐,故指庐山。"好",呼唤对方,促使对方赞同之语。如果按照几种注释的说法认为此诗作于上元二年(761)的话,则李白当辞世于次年冬天。

如此按照时间顺序来阅读杜甫思念李白的诗歌,可以看出杜甫思念李白的情绪随着与李白分别后时间的增长而变得愈加痛苦。这不愧为一本正经的杜甫所具备的真诚品格。大家一定都想知道,如果李白读到了这几首诗究竟会作何反应。然而,遗憾的是,在李白的作品中完全找不到丝毫线索。或许李白与杜甫正相反,完全是一种随意的性格吧。

第九章 | 成都草堂的平安

杜甫一家从秦州经同谷终于抵达成都之后，暂居西郊的一座寺庙中。此时，友人高适正在成都西北方彭州刺史任上。高适最先得知杜甫抵达的消息，写下了《赠杜二拾遗》诗寄给杜甫。在杜甫答谢高适的诗《酬高使君相赠》中，有"古寺僧牢落，空房客寓居"句，叙述了寺中生活的情况，又写到"故人供禄米，邻舍与园蔬"，提及生活中受到多人的援助。杜甫在此地亦有故交，从故交处得到大米，从邻家得到野菜以维持生活。

次年，上元元年（760）春，杜甫得到了成都西郊浣花溪畔的土地，通过友人的援助修建了草堂。七律《卜居》开头写道："浣花溪水水西头，主人为卜林塘幽。"此地位于溪边，既有山林，又有池塘，自然风光幽静。此后，每当杜甫拜访当地的官吏时，都求得各种各样的树苗，致力于营造庭园。这是杜甫人生中初次遇到的安静平稳的境遇。伴随着生活上的安定，杜甫的心境亦变得沉静，这同样反映在了他的诗作当中。杜甫用沉稳的视线观察身边的动植物，频繁地创作了审视日常生活方方面面的细微之相的诗作。

春夜喜雨

好雨知时节，当春乃发生。

随风潜入夜，润物细无声。

野径云俱黑，江船火独明。

晓看红湿处，花重锦官城。

此诗叙述为适时而来的春雨感到欣喜，作于上元二年（761）春，成都西郊新建之草堂中。诗型为五言律诗，以平声字"生""声""明""城"押韵。

"时节"，分开解释的话，"时"指春夏秋冬四季，"节"指将四季六等分而成的二十四节气。其中，春天的节气为立春、雨水、惊蛰、春分、清明、谷雨。"雨水"相当于阳历3月上旬，"谷雨"则相当于4月20日左右。"乃"，"正当此时"之意。"发生"，如古字书《尔雅·释天》所说的"春为发生"一般，指春天为孕育万物生命的季节。雨分担了春天的机能，孕育了万物的生命。"潜入夜"，入夜后不知不觉下起的雨。"江船"，江上漂浮的渔船。"红"，指花的颜色，预想被夜雨滋润的花朵在夜明时分定会盛开。"锦官城"，因成都为天子御用锦缎之产地，故别称锦官城。

唐代以前，以三国魏曹植（192—232）为首，出现了许多以《喜雨》为题的诗。正因为盼望已久的雨终于来临，所以才会欣喜。雨对培育谷物来说是不可或缺的，尤其是持续了很长时间的晴天后，人们都迫切地盼望降雨。以往的《喜雨》诗的内容几乎无一

图 2　成都杜甫草堂

例外都是歌颂盼望已久的雨，并对它的到来感到喜悦，而对描写降下的雨本身却没有呈现出多大的关切。此诗首先在这一点上颇具独创性。此诗描写在黑暗中不知不觉地悄悄下起的雨，将纤细的感觉发挥到了极致。

此诗所呈现出的诗境是杜甫以往作品中所缺少的，也是终于在成都之地获得了安稳后诞生的杜诗之新境界。这种诗境在紧密结合日常生活的诗作中，继承了以往诗歌中陶渊明的意趣，又开创了未来自中唐发展至宋代的诗风之先声。

祭祀三国蜀的英雄人物诸葛孔明的祠堂（庙）位于草堂东南不远处，即如今知名的武侯祠，与杜甫草堂一样，均为成都的旅游名胜。杜甫时常造访此处，多次表达了对这位一直尊敬的英雄人物之感情。

蜀相

丞相祠堂何处寻，锦官城外柏森森。
映阶碧草自春色，隔叶黄鹂空好音。
三顾频繁天下计，两朝开济老臣心。
出师未捷身先死，长使英雄泪满襟。

"蜀相"，蜀丞相诸葛亮（181—234），字孔明。杜甫在蜀地居住时，时常在诗中表达对诸葛亮的敬仰之情。诗型为七言律诗，以平声字"寻""森""音""心""襟"押韵。

"柏"，丝柏类常绿树，多种植于墓地。"森森"，树木繁茂貌。今天的武侯祠亦耸立着巨大的松柏，其郁郁葱葱的样子让人不禁追忆起往昔时光。"黄鹂"，黄莺。"自""空"，包含虽然祠堂主人诸葛亮其人已不在世，但春天的风物却依旧保持当时的风貌存在至今之意。"三顾"，用蜀先主刘备为起用诸葛亮而三次造访诸葛亮所居草庐之故事。"两朝"，诸葛亮出仕蜀先主刘备和后主刘禅两代。"开济"，可解为尽心处理国事，亦可解为奠定国家基础而成大业。"出师"，使军队出阵。蜀建兴五年（227）春，诸葛亮向后主刘禅呈上《出师表》，为讨伐魏国，进军汉中（今陕西省）。其后，持续着一进一退的攻防战，直到出兵第八年的建兴十二年（234）秋八月，在与司马懿作战中，病逝于渭水河畔五丈原的军营中。

此后，杜甫在造访四川东部夔州的另一座武侯祠堂时，创作了七言古诗《古柏行》，重新表达了对孔明的敬仰之情。另外，虽然杜甫此前亦有创作类似的七言律诗，但可以说他是从定居成都后才开始下功夫创作这类形式的诗歌的。

正如前面所提及的一样，杜甫居于成都时期的诗歌中有许多细致描写日常生活中方方面面的作品，接下来从中选取几首律诗和绝句进行介绍。

江村

清江一曲抱村流，长夏江村事事幽。
自去自来梁上燕，相亲相近水中鸥。
老妻画纸为棋局，稚子敲针作钓钩。
多病所须唯药物，微躯此外更何求。

此诗以素描风格叙述江畔草堂平稳的日常生活，作于上元元年（760）夏。诗型为七言律诗，以平声字"流""幽""鸥""钩""求"押韵。

"清江"，同时期以《田舍》为题的描写草堂的诗中亦有"田舍清江曲，柴门古道旁"之句。"长夏"，夏天昼长。第三、第四句（颔联）描写草堂周边飞鸟的生态，而第五、第六句（颈联）描写家人的情态。亲近人的水鸥以《列子·黄帝》篇中的故事为背景：居住在海边的人每日与海鸥嬉戏，一天，却被父亲命令去捕捉海鸥，但当他走到海边时，发现海鸥却不再飘落下来。杜甫用鸥只亲近于无邪之人的故事说明自己已经达到了这一境界。"棋局"，棋盘。妻子在纸上画线制作简易的棋盘下棋时，或许杜甫亦曾作为妻子的对手。自古似乎就存在敲打缝衣针使其弯曲以用作钓钩的习惯，但将其作为小孩子的情态在诗中进行描写，与描写妻子用纸做棋盘一样，都是前所未有的。"多病"之叹，杜诗中早有所见。"微躯"，微不足道的身躯，谦辞。

绝句漫兴九首　其三

熟知茅斋绝低小，江上燕子故来频。
衔泥点污琴书内，更接飞虫打着人。

"漫兴"，即兴所作。约作于上元二年（761）春。诗型为七言绝句，以平声字"频""人"押韵。

"绝"，极为。"燕子"的"子"，接尾词。"打着"，口语的表达方法。"人"，自己。

其四

二月已破三月来，渐老逢春能几回。
莫思身外无穷事，且近生前有限杯。

此诗以平声字"来""回""杯"押韵。

"破",尽。阴历"三月"为春意盎然的时节。"生前有限杯",应当意识到了西晋张翰豪言"使我有身后名,不如即时一杯酒"之事(《世说新语·任诞》)。

江亭

坦腹江亭暖,长吟野望时。
水流心不竞,云在意俱迟。
寂寂春将晚,欣欣物自私。
故林归未得,排闷强裁诗。

"江亭",江边的亭子,建于草堂中。此诗与前诗同作于上元二年(761)春。诗型为五言律诗,以平声字"时""迟""私""诗"押韵。

"坦腹",露出腹部躺卧。"水流",使人联想到《论语·子罕》篇的"川上之叹":"逝者如斯夫,不舍昼夜。"如水流不息一般,时间亦不停流逝,而心境则不为时间的推移所乱,指与自然浑然一体的心境。"寂寂",沉静貌。"欣欣",喜悦貌,当意识到了陶渊明《归去来兮辞》"木欣欣以向荣",指动植物各自富有生命力之貌。"自私",万物以自身所愿而行动貌。"故林",故乡。"裁诗",如裁剪布匹制衣一般,一个字一个字剪裁作诗。

诗人在为自然的和谐状态感到欣喜、自己亦试图融入其中的同时,以再度意识到这种和谐反而把自己排除在外而告结。

进艇

> 南京久客耕南亩，北望伤神坐北窗。
> 昼引老妻乘小艇，晴看稚子浴清江。
> 俱飞蛱蝶元相逐，并蒂芙蓉本自双。
> 茗饮蔗浆携所有，瓷罂无谢玉为缸。

"艇"，小舟，小船。描写与妻子泛舟于草堂一旁流动的江上。与前诗作于同一年夏天。诗型为七言律诗，以平声字"窗""江""双""缸"押韵。

"南京"，成都，因玄宗曾避乱逗留此地而得称。据《新唐书·地理志》，肃宗至德二载（757），成都始被称为"南京"。"南亩"，据字面意思为面南的日照良好的田地，此当指广义上的田地。正如此时所创作的《为农》诗一般，实际上杜甫当时就在从事农耕。"北望"，向北眺望中原。"北窗"，书斋的窗户。"南亩""北窗"的对仗实在可谓精妙。"稚子"一起于水中沐浴之景与"俱飞蛱蝶"相重合，杜甫夫妻乘舟游赏之景则与"并蒂芙蓉"相重合。如第一部所述，杜甫有两个儿子（长子宗文、次子宗武）和两个女儿（参见第42页）。"茗饮"，茶。"蔗浆"，甘蔗汁。"所有"，自己所有的全部。"瓷罂"，陶瓶。"无谢"，不逊于。

无论是与妻子乘舟游赏，抑或是孩子们在水中沐浴，这些当然都是以往的诗歌中从未描写过的崭新的情景。这同时亦表明了终于获得安稳的生活后的日子中杜甫内心的平安。

野人送朱樱

西蜀樱桃也自红,野人相赠满筠笼。
数回细写愁仍破,万颗匀圆讶许同。
忆昨赐沾门下省,退朝擎出大明宫。
金盘玉箸无消息,此日尝新任转蓬。

"野人",农夫。"朱樱",红樱桃的果实。此诗描写从一个农夫处得到樱桃。作诗时期不详,可能创作于前诗的同一年或次年的春天。诗型为七言律诗,以平声字"红""笼""同""宫""蓬"押韵。

"西蜀",位于蜀地西部的成都。"也",同"亦"。意为此地的樱桃与诗歌后半部分描写的曾经在长安吃过的樱桃一样。"相赠"之"相",表明动作"赠"的对象,没有太大的实意。"筠笼",竹编的筐。"写",将物品从一个容器转移到另一个容器。"颗",圆的一粒。"匀圆",浑圆,双声拟态词,与上句同为双声词的"细写"相呼应。

"赐沾",获得皇帝赐予的恩惠。唐代朝廷中每年四月一日将当季初摘的樱桃供奉宗庙,剩余部分则赐给臣下。"门下省",杜甫曾任的左拾遗所隶属的中央机关。"大明宫",举行朝贺仪式的宫殿,位于长安宫城东北部。"金盘""玉箸",仪式中使用的道具。"尝新",天子品尝初摘的果物,此处意指自己品尝初摘的果物。"转蓬",被认为是漂泊象征的草。

客至

舍南舍北皆春水,但见群鸥日日来。
花径不曾缘客扫,蓬门今始为君开。
盘飧市远无兼味,樽酒家贫只旧醅。
肯与邻翁相对饮,隔篱呼取尽余杯。

题下自注云:"喜崔明府相过。"杜甫的母亲为崔氏,此崔明府或为其亲戚。"明府",县令。此诗当作于上元二年(761)春。诗型为七言律诗,以平声字"来""开""醅""杯"押韵。

"春水",由于春雨和冰雪融水的注入而涨起的水流。同一时期杜甫还作了一首《春水》诗。"群鸥",参见《江村》(第128页)。"蓬门",屋顶以蓬蒿葺成的简陋之门。"盘飧",盛放于盘中的食物。"兼味",两种以上的料理,指豪华的飧宴。"醅",浊酒,当为自家酿造。"肯",愿意。"邻翁",邻家老翁。杜甫的北邻原为县令,南邻则是隐士,二人与杜甫的关系都十分密切,且似乎亦好酒。

同一时期,杜甫还创作了以《宾至》《有客》等为题的诗作。客人的到访亦给平淡的草堂生活增添了一分乐趣。根据客人的身份和亲疏关系不同,诗的写作方法亦自然不同,而此诗中的"崔明府"似乎与杜甫非常亲密,不需要杜甫过于费心,全篇都以似乎与客人对话一般为基调。

草堂的日子基本都是如此平稳的,不过偶尔亦会经历一些小的波澜。下面一首诗是一首七言古诗的名作,以叙事风格描写秋天的暴风摧毁房屋的事件。此诗作于上元二年（761）秋。

茅屋为秋风所破歌

八月秋高风怒号，卷我屋上三重茅。
茅飞渡江洒江郊，高者挂罥长林梢，下者飘转沉塘坳。
南村群童欺我老无力，忍能对面为盗贼。
公然抱茅入竹去，唇焦口燥呼不得，归来倚仗自叹息。
俄顷风定云墨色，秋天漠漠向昏黑。
布衾多年冷似铁，娇儿恶卧踏里裂。
床头屋漏无干处，雨脚如麻未断绝。
自经丧乱少睡眠，长夜沾湿何由彻。
安得广厦千万间，大庇天下寒士俱欢颜，风雨不动安如山。
呜呼！何时眼前突兀见此屋，吾庐独破受冻死亦足。

此诗中每次换韵时场景都会发生转换，为古体诗的惯用手法。接下来将全诗按诗意划分为几段进行解说。

八月秋高风怒号，
卷我屋上三重茅。
茅飞渡江洒江郊，
高者挂罥长林梢，
下者飘转沉塘坳。

场景从描写茅草屋顶被突然而至的暴风吹走开始。此段以平声字"号""茅""郊""梢""坳"押韵。

"八月",阴历八月,相当于日本所说的"二百十日"或"二百二十日"之时。"秋高",秋深。"挂罥",钩住。"塘坳",小池。

> 南村群童欺我老无力,
> 忍能对面为盗贼。
> 公然抱茅入竹去,
> 唇焦口燥呼不得,
> 归来倚仗自叹息。
> 俄顷风定云墨色,
> 秋天漠漠向昏黑。

此段描写被吹走的茅草被村里的顽童拿走后自己不知所措的样子,以仄声(入声)字"力""贼""得""息""色""黑"押韵。

将掠走茅草而逃的"群童"的行为称为"为盗贼"不免有些夸张,而包含面对此景不知所措的自己的样子在内,这一系列情景都被杜甫努力描写得如漫画一般。初期的诗作中表现出的幽默精神在此又重新崭露头角。与最初一段以感觉迅速的平声字押韵相对,第二段改以入声字押韵,营造出不顺畅的氛围。

> 布衾多年冷似铁,

娇儿恶卧踏里裂。
床头屋漏无干处，
雨脚如麻未断绝。
自经丧乱少睡眠，
长夜沾湿何由彻。

此段描写一夜漏雨不止而彻夜不眠的感叹，以仄声（入声）字"铁""裂""处""绝""彻"押韵。

"娇儿"，调皮的幼童。对幼童睡姿的描写充满了生活感，令人发笑。"雨脚如麻"，雨势激烈貌。倾盆大雨。"丧乱"，世间的混乱，指安史之乱。"睡眠"，语出佛经，此处为在诗中使用的极早期一例。"沾湿"，湿透。

安得广厦千万间，
大庇天下寒士俱欢颜，
风雨不动安如山。

这是杜甫在度过难熬的一夜时忽然萌生的梦想。将自己个人的灾难不限定于自身，而是推广为社会整体的问题，不愧是杜甫的立意。此段以平声字"间""颜""山"押韵。

"安得"，想方设法去做。"广厦"，宏伟的房屋。"千万间"，上千上万的房间。"间"，原指柱与柱之间。"寒士"，贫寒之人。

> 呜呼！何时眼前突兀见此屋，
> 吾庐独破受冻死亦足。

结尾二句再度强调自己的愿景，以仄声（入声）字"屋""足"押韵。

"突兀"，叠韵词，高耸貌。

下面插一段题外话。曾有一个小学四年级的男孩子在面对记者提出"如果成为首相的话你想做什么"的问题时回答道："我想建造大家都可以以低廉的价格入住的房屋。因为有很多人无家可归。"（《朝日新闻》，2009年1月1日）杜甫同时也是一个始终有着孩童般纯粹理想的人。

杜甫还有一首大约亦作于同一时期的七言古诗《楠树为风雨所拔叹》，诗中哀悼杜甫曾经喜爱的巨大楠树被大风连根拔起的事件，用"东南飘风动地至，江翻石走流云气"来描写凄厉的场面。这与《茅屋》诗中所描写的或许是同一场风雨。

在杜甫创作《茅屋》诗同年年底，比杜甫年轻的友人严武（726—765）作为剑南节度使、成都尹到任，对于杜甫来说算是有了强有力的后盾。严武的父亲严挺之亦与杜甫来往紧密，曾经亦同属房琯一派。杜甫得到了庇护者严武后，在其援助下生活亦日渐安定。然而，次年宝应元年（762）七月，严武改任京兆尹，被召还长安。杜甫亦为送别严武而同行至中途的绵州（今四川省绵阳市），而原为严武部下的剑南兵马使徐知道乘隙发动叛乱，使成都一带陷入混乱，而杜甫亦无法返回草堂。无法返家的杜甫暂时以位于成都东北面的梓州（今四川省三台县）为中心，独自一人依靠熟人辗转于涪江流域。徐知道之乱很快被平定，而由于成都的治安尚不稳定，所以杜甫在短暂地返回草堂之后再度偕家人踏上前往梓州的路。

此前，由于史思明的叛乱，河南、河北一带再度陷入贼军之手，而史思明被儿子史朝义所杀，广德元年（763）一月，史朝义亦败于官军而自尽。至此，长达九年的安史之乱终于平息。杜甫在梓州听闻此消息，立即作诗抒发自己的欣喜之情。

闻官军收河南河北

剑外忽传收蓟北，初闻涕泪满衣裳。
却看妻子愁何在，漫卷诗书喜欲狂。
白日放歌须纵酒，青春作伴好还乡。
即从巴峡穿巫峡，却下襄阳向洛阳。

此诗为七言律诗，以平声字"裳""狂""乡""阳"押韵。

"剑"，位于今四川省北部的剑门山，因此地为险峻的要害之地而闻名。其"外"，指剑南，即蜀地。"蓟北"，今河北省北部，安禄山正是从此地发动叛乱，长期以来成为贼军的根据地。"却"，助词，用于转换话题。"诗书"，一般指《诗经》《书经》，而此处单纯用于指书籍。当时的书籍并不是册子本，而是卷轴状的卷子本。"青春"，春季。"巴峡""巫峡"，均为长江中以急流闻名的峡谷，前者位于巴县（今重庆市巴南区）东部，后者位于今湖北省巴东县。"襄阳"，位于今湖北省汉水沿岸的都市，亦是杜甫的祖辈曾经居住的土地。虽言"下"，实际上沿长江顺流而下后，自鄂州（今湖北省武汉市）沿汉水逆流而上至襄阳，再向洛阳。"洛阳"，杜甫自注云："余田园在东京。""东京"，指洛阳。

此诗着实是一首一气呵成地抒发出心底喜悦之情的诗，充满了动感。尾联"巴峡""巫峡"使人联想到的急流之势又给洋溢的情感平添了一分节奏感。

然而，杜甫的此番回乡的计划并未能付诸实践，这是因为北方为平定叛乱做出了巨大贡献的回鹘军开始暴动，治安受到威胁，而西方又有吐蕃军入侵，一时占领长安，突发事件依然不断。此外，吐蕃军亦开始攻打蜀地。因此，杜甫携全家开始在蜀地四处流浪。至广德二年（764）二月，严武作为剑南节度使返回蜀地，杜甫改变计划回到了阔别一年半的成都。

是年秋，杜甫在草堂创作了《倦夜》诗。

倦夜

竹凉侵卧内，野月满庭隅。
重露成涓滴，稀星乍有无。
暗飞萤自照，水宿鸟相呼。
万事干戈里，空悲清夜徂。

"倦夜",倦怠之夜。此诗为五言律诗,以平声字"隅""无""呼""徂"押韵。

"卧内",卧室。"重露",一重一重结成珠状的露水。"涓滴",水滴。这是二十四节气中的白露时分,约为阳历9月初,秋意渐浓时的场景。"稀星",稀疏的星。星变得稀疏是月光照射的缘故。"有无",若隐若现。"自照",照耀自己的周边。"干戈",矛与盾,指战争。

"倦夜"这一诗题本身与"悲秋"等说法一样,都是将感情带入自然的词语,而此诗中表现的每一个自然景象都与杜甫的心情产生一种微妙的共鸣。"竹凉"与"野月"为包容作者所处场所的秋天的氛围。其中,作为更细微的情景,又描写了"重露"和"稀星"。二者均为透过时间的推移来把握包含于广阔的自然当中的、通过凝视的确能够发现其存在的细微情景。接下来的"暗飞萤""水宿鸟"同为微小的自然景观,而其中更为鲜明地投射了作者自身的心情。杜甫所处的情况,正如萤火虫和水鸟一般不安而孤独。并且,包含此处所描写的景物在内的一切世间景象都被卷入"干戈"这一由人类触发的不幸之中,清爽的夜晚亦只能空虚地逝去。

在融合自然与心情这一点上,此诗开创了崭新的诗境,而其与最晚年的杜诗的境界一脉相承。

杜甫受到严武举荐而成为其门下幕僚,亦被授予了节度参谋、检校工部员外郎等名目上的地位。然而,对于他来说,幕僚生活似乎依然受到拘束，不久他就辞去了职务。永泰元年（765）四月，严武辞世，时年仅四十岁。杜甫几乎放弃了继续居住在成都的想法。五月，再度举家起程，沿长江顺流而下，开始流浪之旅。

第十章 | 旅程的终点……

失去了严武这一后盾对杜甫来说确实是一个巨大的打击,不过他恐怕并不是单纯为此而离开成都的。在成都草堂的生活虽然给杜甫带来了一时的平安,但对于他来说这应当不过是一个暂居之所。杜甫最终的宏伟目标是返回长安或者出生地洛阳。我们无法否认,严武的死是他下决心向实现此目标前进的原因之一。前面亦提到过,杜甫是一个一旦下决心去做就会立即将其付诸实践的人。虽然这段旅途并没有具体的前景,但他的内心中应当是没有犹豫的。

去蜀

> 五载客蜀郡,一年居梓州。
> 如何关塞阻,转作潇湘游。
> 万事已黄发,残生随白鸥。
> 安危大臣在,不必泪长流。

此诗作于永泰元年(765)五月,抒发杜甫离开蜀地时的感慨。

诗型为五言律诗,以平声字"州""游""鸥""流"押韵。

如此诗所述,杜甫在成都前后居住了约五年时间,而中间有一年半左右的时间离开成都,客居以梓州为中心的其他地方后,又回到了成都。成都草堂的生活在杜甫的生涯中是最为安定的,但从他的心情来看,这不过是作为"客"暂时寄居而已。他的心仍在长安。"关塞",设有关隘的山,分隔汉中与蜀地。当然,此处不仅是地理上的意义,更大的意义在于因战乱导致的人员上和心理上的疏隔。杜甫不得不改变计划,转向南方的潇湘一带。"潇湘",潇水和湘水。湘水由南向北流经湖南省,注入洞庭湖。潇水为其支流,在零陵附近与湘水合流。"潇湘"一般指湘水流域一带,以风光明媚而闻名。

后半段叙述当下的心境。"黄发",老年人自白变黄的头发,或指老人本身。"残生",剩余的人生。飞跃波浪间的"白鸥"既表示自由的境界,又是漂泊的象征。参见下面一首《旅夜书怀》诗。"安危",国家大事。表面上意为有大臣在操持此事,故不应轮到像自己一样的人来费心,而实际上是在勉强劝解自己为国家的将来而过度担忧的心情。

旅夜书怀

细草微风岸,危樯独夜舟。
星垂平野阔,月涌大江流。
名岂文章著,官应老病休。
飘飘何所似,天地一沙鸥。

杜甫一家自成都沿岷江乘舟而下，由渝州（今重庆市）进入长江干流，向潇湘之地进发。抵达忠州（今四川省忠县）稍作停留后，继续乘船前行。此诗被认为作于忠州附近的旅途中。诗型为五言律诗，以平声字"舟""流""休""鸥"押韵。

诗歌前半段为场景描写。用文学评论的术语来说的话，是与写情的"虚"相对的写景的"实"之部分。首联首先描写系舟岸边的风景。一边描写"细草""微风"等岸边实景，一边暗示自己内心颤动不安的情感。"危樯"，高耸的桅杆，"危"同时含有不安定的"危险"之意，通过"独夜"而加深。此二句既为眼前实景，同时亦是杜甫内心中的风景。

与首联描写自己身边的情景相对，颔联中视线则扩展至自己所处的大自然。"星垂平野阔"，既是满天的星空延展至地平线边缘的状态，同时亦是星空下平野无尽广阔的状态。承接这一静态描写，下句转而描写激烈的动态——"月涌大江流"。投影于水面的月光乘着长江的奔流，涌动而去。此二句均为"星""月"等垂直方向的天象与"平野""大江"等水平方向的地象交错出现的描写，别有韵味。本来应为静态的月通过与"大江"相结合而变为动态，从中亦可读出杜甫内心中隐藏的激情。

与前半段的场景描写相对，后半段转为心情表达，即文学评论中所说的"虚"的部分。"文章"，与现代用法不同，包含韵文和散文。与诗文相近，大致与现代文中的"文学"相通。颈联上句可有多种解释，这里解为对自己的名声仅通过文学而为人所知的不满与不安。杜甫从年轻时就有着"致君尧舜上，再使风俗淳"

的宏伟抱负，但现实与理想存在着深远的距离。下句"官应老病休"，说明自己不得不认同自己现实的状态。理想与现实的落差使他的内心变得焦躁不安。

被誉为唐代以前最杰出诗人的曹植在写给文学创作上的友人的书信中曾倾诉称，自己毕生的愿望是作为为政者建功立业，留名后世，丝毫不欲以文学之才获取名声（《与杨德祖书》，《文选》卷四十二）。终于深刻意识到自己作为诗人的杜甫开始逐渐接受自己身处的现实状况，但仍然声称自己没有放弃对理想的执着追求。

杜甫选取鸥作为比拟自身的对象。鸥在《去蜀》中亦曾登场，在杜诗中是自由与漂泊的象征。其中悲观与乐观似乎交织存在。

杜甫一家自忠州继续顺流而下，到达云安（今四川省云阳县），此时杜甫的健康状况恶化，不得不在此地滞留了约半年时间。此后，次年大历元年（766）暮春，杜甫终于再度踏上旅程，到达夔州（今属重庆市）。他在此地度过了近两年的时光。在夔州的生活激起了杜甫的创作欲望，诞生了许多优秀作品。

返照

楚王宫北正黄昏，白帝城西过雨痕。
返照入江翻石壁，归云拥树失山村。
衰年病肺惟高枕，绝塞愁时早闭门。
不可久留豺虎乱，南方实有未招魂。

"返照",夕阳的反射。此诗于大历元年(766)作于夔州。诗型为七言律诗,以平声字"昏""痕""村""门""魂"押韵。

此诗采取前半段写景、后半段抒情的结构。"楚王",战国楚国的王,据宋玉《高唐赋》(《文选》卷十九)等,其离宫位于巫山脚下。"白帝城",位于夔州东部白帝山的城塞,西汉末年由称霸此地的将军公孙述所建,三国蜀刘备亦占据此要害之地。刘备在与吴国作战中失败,失意之中正病逝于白帝城。白帝城在这一时期的杜诗中频繁出现。"归云",归山之云。当时认为云在清晨自山而出,日暮时分回归山中。

"病肺",杜甫长期所患的哮喘病。"豺虎",豺与虎,比喻威胁当地治安的军阀。末句"未招魂"典出被认为是宋玉作品的《楚辞·招魂》。在《招魂》中,招引彷徨于各地的宋玉之师屈原之魂,云:"魂兮归来,南方不可以止些。"此与未能回归长安而违背本意流离南方的杜甫自身的形象相重合。

夜

露下天高秋气清,空山独夜旅魂惊。
疏灯自照孤帆宿,新月犹悬双杵鸣。
南菊再逢人卧病,北书不至雁无情。
步檐倚杖看牛斗,银汉遥应接凤城。

此诗与前诗为同一时期于夔州写下的作品。杜甫晚年常以"夜""雨""月"等一字为题作诗。诗型为七言律诗,以平声字

"清""惊""鸣""情""城"押韵。

此诗亦采取前半段写景、后半段抒情的结构。"露下""天高""气清"等富有联想意味的词语接连出现,写明秋天的情景。宋玉《九辩》(《楚辞》)中用"沈潦兮天高而气清"描写秋天的景象。"独夜",已见于《旅夜书怀》诗中,一人独醒之夜。以微弱灯火自照的"孤帆",寄托了自己的身影。"新月",纤细的上弦月。"双杵",在砧板上捣衣用的两根杵。

"南菊再逢",指去年于云安、今年于夔州迎来菊花时节。"雁",自西汉苏武将书信托福大雁的故事以来,成为捎信使者的形象(参见第82页)。虽然雁向南飞来,但却没能带来盼望已久的来自北方的书信,所以"无情"。"牛斗",天鹰座的牵牛星和射手座的南斗星,秋天出现在靠近银河处。"凤城",长安城的别称。类似的创意可以举出《秋兴》第二首中的"每依北斗望京华"。晚秋时节以正北的北斗星为指标,远望长安。

秋兴八首　其一

玉露凋伤枫树林,巫山巫峡气萧森。
江间波浪兼天涌,塞上风云接地阴。
丛菊两开他日泪,孤舟一系故园心。
寒衣处处催刀尺,白帝城高急暮砧。

"秋兴",因秋天而触发的感兴,灵感源自西晋诗人潘岳《秋兴赋》(《文选》卷十三)。此诗与前诗作于同一时期,为八首组诗。

作为杜甫晚年的代表作而闻名。在此介绍第一首。诗型为七言律诗,以平声字"林""森""阴""心""砧"押韵。

此诗亦为前半段写景、后半段抒情,但以景中含情、情中有景的形式展开。可以说,大自然唤起的景情融合、浑然一体的境界,将《诗经》以来传承的"兴"(依托自然书写心情)的手法上升至了一个更高的层次。

二十四节气的"白露"在阳历九月初,而此"玉露"则让人联想到此后秋意更浓的时节,为翡翠一般的露水。"巫山巫峡",位于夔州偏东的山和峡谷。"萧森",闭锁而紧绷的庄严貌,双声词。"江间波浪兼天涌",并非夸张之词,此地一带的长江以急流著称。同时,亦象征杜甫昂扬的精神。与之相对,阴沉的"塞上风云"似乎暗示着无心逗留此地的杜甫消沉的意志。

"丛菊两开",与《夜》诗中"南菊再逢"相同,指自己在此南方之地连续两年看到了菊花绽放。"他日泪",既可解为过去流下的泪水,亦可解为未来感伤而流下的泪水。"一系",一直系住。其对象包含"孤舟"与"故园心"二者。"寒衣",冬衣。"刀尺",剪刀与米尺,裁缝用具。"催",催促。"白帝城",在《返照》中已经出现。"暮砧",傍晚时分捣衣之声。"砧",石台,在其上展开布制品用木槌击打,使纤维柔软而富有光泽。

咏怀古迹五首　其二

摇落深知宋玉悲,风流儒雅亦吾师。
怅望千秋一洒泪,萧条异代不同时。

江山故宅空文藻，云雨荒台岂梦思。
最是楚宫俱泯灭，舟人指点到今疑。

此诗与前诗为同一时期于夔州写下的作品。杜甫遍访当地历史人物古迹，在诗中抒发自己的感怀。"咏怀"，语出《文选》卷二十三所收三国魏·阮籍《咏怀诗》。全五首中，选取追忆战国末年诗人宋玉的第二首进行介绍。诗型为七言律诗，以平声字"悲""师""时""思""疑"押韵。

此诗整体的构思都以抒情为中心。"摇落"，语出一般被认为是宋玉作品的《楚辞·九辩》之"悲哉秋之为气也，萧瑟兮草木摇落而变衰"。《九辩》为第一篇意识到秋天是一个悲凉季节的文学作品。"悲秋"之感亦在杜诗中投下了巨大的影子。"风流儒雅"，效仿北周·庾信《枯树赋》之"殷仲文风流儒雅，海内知名"。"风流"，高雅的风格，此处尤指文学。"儒雅"，儒家的学问、教养。"怅望"，含悲远眺，叠韵词。"萧条"，沉寂貌，叠韵词。

后半段内容围绕与宋玉相关的遗迹展开。夔州东部的归州（今湖北省秭归县）有被认为是宋玉故居之处，而在杜甫的时代已经毫无踪影。"文藻"，指优美的诗文。宋玉的作品除收录于《楚辞》《文选》中以外，在杜甫的时代还有家集《宋玉集》传世。"云雨"，典出宋玉《高唐赋》(《文选》卷十九)，指男女交合。昔日楚襄王昼寝于高唐之台，梦中与巫山神女为情事，分别之际神女云："旦为朝云，暮为行雨。朝朝暮暮，阳台之下。"杜甫认为，虽然早已荒废,但既然当时的高台犹在,所以神女的故事并不是梦中之事,而是事实。"楚宫",《返照》中已经出现,楚的离宫。"指点",用手指示。

缚鸡行

小奴缚鸡向市卖,鸡被缚急相喧争。
家中厌鸡食虫蚁,不知鸡卖还遭烹。
虫鸡于人何厚薄,吾叱奴人解其缚。
鸡虫得失无了时,注目寒江倚山阁。

此诗亦作于夔州,时期略晚于前诗,约为冬天所作。通过探讨鸡和蚁对人类的价值抛出对生存之意味的疑问。诗型为七言古诗。"行"与"兵车行"等相同,表明其为歌谣调的诗。此诗以平声字"争""烹"和仄声(入声)字"薄""缚""阁"押韵。

"家中",或指妻子。妻子厌恶鸡食蚁,或许仅仅是单纯的厌恶,抑或受到了佛教"不杀生"教义的影响。杜甫对佛教亦有相当程度的关心与素养。食蚁之鸡被拿到集市上贩卖,遭烹熟后被人所食用。若要救鸡,则无法救蚁;而若要救蚁卖鸡,则鸡又会被杀。这个矛盾究竟如何解决?

"厚薄",与人类关系的厚与薄。"得失",对于鸡和蚁来说的利害关系。二者只要生存在世,就永远没有决定性的答案。结句描写在心中一边认识此矛盾一边耽于沉思之貌。"山阁",此时杜甫所居的两层楼小屋,其他诗中以"西阁"之名登场。"倚",唐诗中多用作"立"之意。可以想象,将日常生活中所发现的细微矛盾作为生命中的重大问题进行探索的态度始终贯穿于杜甫的创作之中。

又呈吴郎

堂前扑枣任西邻,无食无儿一妇人。
不为困穷宁有此,只缘恐惧转须亲。
即防远客虽多事,便插疏篱却甚真。
已诉征求贫到骨,正思戎马泪盈巾。

此诗要求亲戚吴郎不要责难邻家无依无靠的妇人来采摘庭中之枣。杜甫在大历二年(767)晚春移居夔州郊外的瀼西,而是年秋天又移居东屯,意图专心于农耕。是时,亲戚吴郎作为夔州司法参军自忠州转任至此,杜甫将瀼西的旧居让给了吴郎。吴郎的"郎",对年少者带有亲密意味的称呼,详细情况不明,不过可以推知是与杜甫有姻戚关系的人物。诗题中含"又"字,因此诗之前有《简吴郎司法》之七律。此诗以平声字"邻""人""亲""真""巾"押韵。

居于瀼西时的诗《秋野》五首中的第一首里有"枣熟从人打"句,与首句照应。吴郎住进此处后,或许修建了与邻家相区隔的篱笆,而杜甫则婉转地对此行为进行责备。"西邻",语出《易·既济》爻辞"东邻杀牛,不如西邻之禴祭"。"禴",同"约",俭约意。"疏篱",疏落的篱笆。"戎马",字面意思为军马,此指战争。《老子》第四十六章:"天下无道,戎马生于郊。"此诗可以让人感受到杜甫一贯不变的人道主义精神。

秋野五首 其二

易识浮世理,难教一物违。
水深鱼极乐,林茂鸟知归。
衰老甘贫病,荣华有是非。
秋风吹几杖,不厌北山薇。

此诗被推定为大历二年(767)于夔州瀼西时所作,为五首组诗的五言律诗。以平声字"违""归""非""薇"押韵。

"浮世",不安定的世界。其中的道理应当是存在的万物都各得其所,实现其应有的价值。例如,鱼在深水中自在畅游,鸟在密林中回归自然。这可以说是杜甫的人生哲学。然而,现实却完全背离了这番道理。为了确认这一点,自己所置身的状况就是最好的证据。"几杖",身体所倚靠的桌子与拐杖,老年人的用品。"北山薇",用殷周革命之际,伯夷、叔齐兄弟以不出仕周为高洁,隐居首阳山,采蕨菜而食,最终饿死之事。

登高

风急天高猿啸哀,渚清沙白鸟飞回。
无边落木萧萧下,不尽长江滚滚来。
万里悲秋常作客,百年多病独登台。
艰难苦恨繁霜鬓,潦倒新停浊酒杯。

此诗亦被推定为大历二年（767）秋于夔州瀼西时所作。"登高"，九月九日重阳节时的仪式，与家人、朋友一道登上高山或高台，消灾除厄。诗型为七言律诗，以平声字"哀""回""来""台""杯"押韵。

此诗亦为前半段写景、后半段抒情，前面有过类似例子。"猿啸"，猿猴的叫声，作为激起悲哀的声音，在唐诗中多有描写。与诉诸听觉的首句相对，第二句描写在洁白沙滩上飞翔的鸟。"无边"，既指落木之林无限延展，亦指"萧萧"而落的树叶声无穷无尽。"滚滚"，奔腾激流貌。"无边落木""不尽长江"二句包含着巨大的能量，具有后半段展开叙述的杜甫心境的意味。

"万里"，与故乡的距离。"悲秋"，参见《咏怀古迹》。"百年"，人类的一生。"万里""百年"形成了空间与时间的呼应。"艰难"，艰辛貌，叠韵词。"潦倒"，苍老衰弱貌，叠韵词。

此诗不仅中间的颔联、颈联，全诗都采用对仗句式。全诗对仗往往会使意趣单调枯燥，但此诗紧迫的氛围丝毫让人感觉不到任何造作，从中可以看出，杜甫多年来磨炼的七言律诗形式终于逐渐达到了完美的境界。

大历三年（768）正月，杜甫与家人一道离开夔州，再度沿长江而下，向江陵进发。此前，胞弟杜观结婚，定居荆州府（江陵）当阳县（今湖北省当阳市），寄信告知杜甫这一喜事。而表弟杜行则作为行军司马正逗留于荆州。或许是这种状况促使杜甫踏上了新的旅程。江陵是交通要道，若欲向北至长安，必须经由此地。

杜甫前往此地，可能亦收到了弟弟们的邀请。大概在杜甫的计划中，如果情势允许的话，他应当会从江陵继续北上前往长安。

如此，杜甫终于完成了与胞弟和表弟再会的夙愿，然而北方不安定的情势使杜甫多年以来回归北方的愿景并未能实现。杜甫一家于是年秋天再度沿长江而下到达公安（今湖北省公安县），冬天又到达更下游的洞庭湖西岸的岳州（今湖南省岳阳市）。此后，直到杜甫生涯结束，他也没能获得一块定居之地。

岁晏行

岁云暮矣多北风，潇湘洞庭白雪中。
渔父天寒网罟冻，莫徭射雁鸣桑弓。
去年米贵阙军食，今年米贱太伤农。
高马达官厌酒肉，此辈杼轴茅茨空。
楚人重鱼不重鸟，汝休枉杀南飞鸿。
况闻处处鬻男女，割慈忍爱还租庸。
往日用钱捉私铸，今许铅铁和青铜。
刻泥为之最易得，好恶不合长相蒙。
万国城头吹画角，此曲哀愁何时终。

此诗作于岁暮，时值大历三年（768）冬，当时杜甫在岳州。诗型为七言古诗，一韵到底，以平声字"风""中""弓""农""空""鸿""庸""铜""蒙""终"押韵。依照前面的例子，以四句为一个单位，分成五段进行介绍。

岁云暮矣多北风,潇湘洞庭白雪中。
渔父天寒网罟冻,莫徭射雁鸣桑弓。

岁暮时节的岳州之地严寒异常。"岁云暮矣",效仿《诗经·小雅·小明》"岁聿云莫"句。"潇湘",参见第143页。"网罟",渔网。"莫徭",居于此地的少数民族之名。

去年米贵阙军食,今年米贱太伤农。
高马达官厌酒肉,此辈杼轴茅茨空。

此段描写庶民拮据的经济状况。据《旧唐书·代宗本纪》:"大历二年十月,减京官职田三分之一,给军粮。"又十一月:"率百官、京城士庶出钱以助军。"故可知"去年米贵阙军食"句出自确凿的事实。"今年米贱太伤农",用《汉书·昭帝纪》元凤六年"谷贱伤农"语。"杼轴",机杼穿横线的"杼"与穿纵线的"轴",意为纺织,典出《诗经·小雅·大东》"小东大东,杼轴其空"语,表达无论如何劳作生活都依旧贫困。"茅茨",茅草修葺的农家房屋。

楚人重鱼不重鸟,汝休枉杀南飞鸿。
况闻处处鬻男女,割慈忍爱还租庸。

此段弹劾为贫穷所困而伦理败坏。前二句与"渔父""莫徭"

的谋生之业相关。"鸿",大雁,日语中称"ヒシクイ"。"租庸",依唐代税制,上纳田地收获的谷物为"租",上纳取代劳役的布匹为"庸"。

> 往日用钱捉私铸,今许铅铁和青铜。
> 刻泥为之最易得,好恶不合长相蒙。

此段为对货币政策的批判。依唐律,私铸货币者当处死罪,但据说自天宝年间起私铸货币的现象激增。"铁",亦有文本作"锡"。"刻泥",以黏土制作铸型。"不合",唐代口语,不应该之意,为杜甫常用语。

> 万国城头吹画角,此曲哀愁何时终。

结尾一段表达对战乱之世的忧虑。"万国",各地。"画角",施以装饰的角笛,用作战事的信号。"此曲",此《岁晏行》之歌。亦有说法解为画角所奏之曲。

此处再现了杜甫壮年时的《兵车行》、"三吏三别"等作品中包含的批判精神,从中可知,杜甫关注社会的心经历了岁月的洗礼依然毫不动摇。在此意义上,杜甫的态度贯穿一生。

登岳阳楼

昔闻洞庭水,今上岳阳楼。

吴楚东南坼，乾坤日夜浮。
亲朋无一字，老病有孤舟。
戎马关山北，凭轩涕泗流。

此诗与前诗为同一时期在岳州写下的作品。"岳阳楼"，耸立于岳阳市西门洞庭湖畔的二层高楼。唐代张说以三国赤壁之战时吴国鲁肃修筑的军楼为基础，加以整修，始称"岳阳楼"。现在的楼重建于清末光绪六年（1880）。诗型为五言律诗，以平声字"楼""浮""舟""流"押韵。

此诗结合眼前壮观的洞庭湖景观吐露自己身世的忧愁。"吴楚"，长江下游的吴（今江苏省）与洞庭湖南方的楚（今湖南省）。"东南"，与"日夜"对应，解为东与南。亦有说法解为中国东南部。"乾坤"，同天地。"乾""坤"，原为《易》之卦名。

"亲朋"，亲戚朋友。"孤舟"，使人联想到《秋兴》第一首"孤舟一系故园心"（参见第148页）。"戎马"，军马，指战争。"轩"，栏杆。"涕泗"，泪水与鼻涕。与平生之志相反，杜甫的旅程不仅没有向北，反而向相反的南方继续下去。结句中正渗透出其无可奈何之念。

下面简单叙述杜甫之后的足迹。杜甫于大历四年（769）春离岳州入洞庭湖，后沿湘水逆流而上至潭州（今湖南省长沙市）。在此地稍作停留后，继续前往上游的衡州（今湖南省衡阳市）。杜甫之所以前往衡州，是因为他听说旧友韦之晋在衡州刺史任上，欲前往投靠韦之晋。然而，当杜甫冒着艰难险阻终于抵达衡州时，不巧韦之晋却被任命为潭州刺史，已经离开了衡州。不久，杜甫又在衡州得知了韦之晋的死讯。杜甫似乎总是十分不走运。

杜甫只得沿湘水而下，再次来到潭州。此时他的生活似乎已经窘迫至极，沦落到在舟中生活的地步。并且，他的健康状况愈加恶化，如他自己所说的"右臂偏枯半耳聋"（《清明》其二）一般，右手变得不灵活，而一只耳朵亦已丧失听力。从大历五年（770）秋作于潭州的诗中可以看到憔悴至极的杜甫晚年的自画像。

江南逢李龟年

岐王宅里寻常见，崔九堂前几度闻。
正是江南好风景，落花时节又逢君。

此诗描写在潭州不意与举世闻名的乐师李龟年的再会。诗型为七言律诗，以平声字"闻""君"押韵。

"岐王"，睿宗四子，玄宗异母弟李范，爱好学问与艺术，为开元年间文化沙龙的中心，与兄长玄宗关系亲密，卒于开元十四年（726）。"崔九"，原注云："中书令崔湜弟，殿中监涤。"巧合的是，此人与李范同卒于开元十四年。"九"，表示一族中同辈人间顺序的排行。是年杜甫仅十五岁，但据自传体诗歌《壮游》"往昔十四五，出游翰墨场"句，似乎早在此时就已开始出入王公贵族的沙龙。当时李龟年亦为此场合的名人，显赫一时。

昔日在奢华的王公贵族的宅邸结识的著名乐师李龟年如今落魄到辗转各地卖艺为生。时值江南美丽的落花时节，与此形成鲜明对比的是，昔日名人如今的落魄身影与昔日的回忆相重合，又与杜甫如今的境遇相重合，使杜甫感慨万千。

小寒食舟中作

佳辰强饮食犹寒，隐几萧条戴鹖冠。
春水船如天上坐，老年花似雾中看。
娟娟戏蝶过闲幔，片片轻鸥下急湍。
云白山青万余里，愁看直北是长安。

此诗与前诗为同一时期的作品。冬至后第一百零五天称"寒食"，其前后三天不用火。寒食次日，即冬至后第一百零六天为"小寒食"，相当于阳历4月初。诗型为七言律诗，以平声字"寒""冠""看""湍""安"押韵。

此诗描写于舟中迎来小寒食。"佳辰"，可喜可贺的日子，指寒食。"隐几"，倚靠桌子（或扶手），语出《庄子·齐物论》篇"南郭子綦隐几而坐，仰天而嘘"。"萧条"，清寂貌，叠韵词。"鹖冠"，以山鸡羽毛装饰之冠，隐者所佩戴之物。自拟隐者，大约是一种带有自嘲意味的漫画风格。"如天上坐"，天空倒映在水量丰沛的春江之上，仿佛坐在天上一般。"花"，同时亦有眼花之意，参见《饮中八仙歌》（第54页）。"娟娟"，美好貌。"片片"，点点轻飘貌。

结句"愁看直北是长安"尤给人以深刻印象。正因为如今对回归北方已陷入绝望,所以杜甫的思念是十分真切的。此后大约半年后,杜甫在沿湘水反复上下时,得病而卒。得年五十九岁。

结　语

南宋的大儒朱熹曾经就杜甫的诗做出过这样的感想："是无意思。大部小部无万数，益得人甚事。"(《朱子语类·论文上》)

此说法实在是非常犀利地否定了杜诗的价值。朱熹尤其不喜欢杜甫晚年的诗。他认为："杜诗初年甚精细，晚年横逆不可当，只意到处便押一个韵。"(《朱子语类·论文下》)

朱熹对杜甫的厌恶，反过来其实可以说明杜甫在宋代确立了十分牢固的地位。而有关杜甫晚年诗歌评价的方面，亦有如黄庭坚等前人对其做出过高度评价，这种评价其实亦对朱熹的观点有所影响。早在北宋时期，王安石就曾写道："愿起公死从之游。"(《杜甫画像》)从那时起，杜甫的崇拜者就开始飞速增加。南宋之后的杜甫观基本上亦继承了这一点观点。

正因为有如此长时间的积累，所以即使是仅从杜诗的注释出发来看，其数量亦十分庞大。例如，周采泉《杜集书录》上、下册(上海古籍出版社，1986年)中细致整理了近代以前有关杜甫的文献，其中列举了不计其数的书名，并附以解题。

就有关我国近代以来对杜甫接受的情况来说，想必读者仅靠阅读参考文献大概就可以想象出其实际情况——日本同样也出版了大量的书籍。因此，笔者若想在这本小书中提出有关杜甫或杜诗的新观点的话，从一开始就是一个难题。

笔者试图完成的任务至少有如下三点。

第一，在中国诗歌史上确立杜甫的最终定位。特别是就杜甫究竟在诗型及其内涵之间的相关关系方面开创了何等诗境这一问题，主要在第一部分中进行了考察，而第二部分则注重在此基础上对诗歌进行鉴赏。

第二，在第二部分的作品鉴赏中，基本上按照时间顺序追寻杜甫的生涯，同时设置了几个主题来归纳杜甫的作品。所以，第二部分的章节基本上是按照杜甫人生轨迹的顺序来排列的，但不同主题中多少会出现一些时间的倒退。这样做，是因为笔者认为通过这种方法可以更鲜明地窥探到杜甫创作的意图。

第三，试图阐明杜甫是不能仅用"忧愁的诗人"这一普遍化的形象来完全概括的，他拥有更多种多样的形象。他的诗歌中处处都发挥着幽默精神，而在他的境遇发生转变时又总是能开创新的诗境。杜甫一定是一位比人们普遍认识到的拥有更深情怀的诗人。

笔者的构想究竟实现了多少，还有待读者的判断。回想起来，不足之处依然很多，但如果本书中能够稍微带有一点笔者独创的新意的话，那将是笔者的荣幸。

在撰写本书时，笔者当然亦从前人的成果中获得了很多灵感。在此，笔者谨向前人的研究表示深深的谢意。特别值得一提的是笔者的先师吉川幸次郎先生，笔者从他的著作中得到很多启发。吉川先生的《杜甫诗注》在杜甫被卷入安史之乱前后就以未完的形式戛然而止，不过，书中明确展示了注释杜诗的方法论。笔者从中获取的知识，绝非可以一言而尽的。

扉页插图《饮中八仙图屏风》是出自桃山时代画家海北友松之手的名品（重要文化财产，京都国立博物馆藏）。原本是一对六曲屏风中的一架，但仅有这一架传世。友松并没有将"八仙"中的每个人区分开来描绘，这一点与友松的代表作《竹林七贤图》（京都建仁寺藏）是一致的。谨向允许本书使用此图版的京都国立博物馆表示感谢。

《中国王朝名一览》是平田昌司先生为其大作《孙子》而作成的，平田先生慨允笔者进行转载，谨向平田先生的厚意表示感谢。最后，还要感谢为本书的编辑付出了大量心血的杉田守康先生。

2009 年 8 月

兴膳 宏

参考文献

与杜甫或杜诗相关的文献数量极多,这里以笔者直接参考的文献为中心进行列举。

(1) 文本及注释

《杜工部集》二十卷　北宋·王洙编,北宋·王琪刊

现存最古的杜甫的诗集。1957年复刻本《宋本杜工部集》(上海商务印书馆)以南宋初年刊刻的吴若本补足了王琪本缺损的部分。卷八之前是古体诗,卷九之后是今体诗,基本上采用编年形式。本书以此本为底本,但据校勘记对部分文字进行了改动。

《九家集注杜诗》三十六卷·补遗一卷　南宋·郭知达编

以王琪本为底本,收录了北宋至南宋初年的九种注释,为现存最古的注本。哈佛燕京学社编《杜诗引得》(1940)附有其活字本。

《杜诗赵次公先后解辑校》二册　南宋·赵次公注、林继中辑校

本书从各种注本中辑录九家注中的赵次公注,按年次顺序重

新编辑。1994年由上海古籍出版社出版。

《杜工部集笺注》二十卷　清·钱谦益撰

略称《钱注杜诗》。明末清初时由钱谦益据吴若本校订并加以笺注。纠正了不少旧注的讹误，在史实的考证方面尤其出色，但是极少就个别词句进行解释。通行本有中华书局1958年第一版的活字本。

《杜诗详注》二十五卷　清·仇兆鳌撰

本书正如其名"详注"一般，网罗了前人的注释和评语。虽然因其内容丰富而备受推崇，但也存在过于烦冗的一面，且在考证方面亦多疏漏。本书是《四库全书》中收录的唯一一部杜诗的注本，也是现在流传最为广泛的注本。通行本有中华书局1979年第一版的活字本。

《读杜心解》六卷　清·浦起龙撰

本书不负其名"心解"，其特征正在于对诗中蕴含的思想感情加以详细分析。对个别词句的解释则并不是十分详尽。通行本有中华书局1961年第一版的活字本。

（2）日文译注·评释

《杜少陵诗集》四册　铃木虎雄译注

唯一一种杜诗的日文全译注，与埃尔温·冯·查赫的德文译本（1952）同为杜诗全作品外文翻译中的双璧，收录于《续国译汉文大成》。1928—1932年由国民文库刊行会陆续出版。不过由于其主要使用文言文体翻译，所以有些令当今的读者望而却步。

《杜诗》八册　铃木虎雄译注

以《续国译汉文大成》本为底本，据清·乾隆帝敕选《唐宋诗醇》选出540首诗，并改以简单易懂的口语文体翻译。1963—1966年出版，收录于岩波文库。

《杜甫》二册　黑川洋一著

精选164首代表作，以口语进行译注，为战后第一部真正的杜诗译注。收录于《中国诗人选集》。1957—1959年由岩波书店出版。

《杜甫》　黑川洋一著

《中国诗文选》全二十四卷中的一册，从语言表达角度对杜诗的文学性、艺术性进行解说。1973年由筑摩书房出版。

《杜甫诗注》五册　吉川幸次郎译注

本书是一部十分详细的注释，不只停留在单纯的词语解释，其意图在于通过杜甫的语言阐明杜甫的意识。著者的目标是完成全作品的译注，但是由于著者的辞世，仅刊行了五册。1977—1983年由筑摩书房出版。其前身为《世界古典文学全集》版《杜甫》Ⅰ、Ⅱ（筑摩书房，1967—1972）。

《华音杜诗抄》　吉川幸次郎著

本书为NHK教育电视台播出的大学讲座《杜甫诗抄》的文字版，并有所增补，附有磁带。1981年在深泽一幸和金文京的协助下由筑摩书房出版。

《杜诗讲义》四册　森槐南著、松冈秀明校订

以清·沈德潜《杜诗偶评》为底本的讲义笔录。原著于

1912年由文会堂出版，现收录于《东洋文库》，1993年由平凡社出版。

《杜甫》（《鉴赏中国古典》17）　黑川洋一著

精选60首代表作，并加以译注及详细的鉴赏。在《杜甫之窗》中附有吉川幸次郎和小川环树等人的文章。1987年由角川书店出版。

《杜甫诗选》　黑川洋一编

将杜诗的140首代表作按年代顺序编排并加以译注。1991年出版，收录于岩波文库。

《杜甫——伟大的忧愁》　宇野直人·江原正士著

本书为NHK广播电台播出的《古典讲读》笔录的增补版。按照年代顺序对作品进行排列，通过对话的形式简明易懂地讲述作品内容。

（3）传记

《少陵先生年谱会笺》　闻一多著

本书为近代真正意义上的杜甫传记研究成果，本书以杜诗本身为中心，广泛涉猎各种资料，追寻杜甫的生涯。1930年分四次刊载于武汉大学《文哲季刊》。收录于开明书店版《闻一多全集》第三卷（1948）及湖北人民出版社版全集第六卷（1994）。

《杜甫私记》　吉川幸次郎著

本书详细叙述了安史之乱爆发之前的杜甫的人生及其文学的发展。1950年由筑摩书房出版。筑摩丛书版（1980）加收了10章续篇。本书同时收录于后述《吉川幸次郎全集》第十二卷。

《杜甫传》 冯至著

新中国出版的杜甫传记的代表作,特别着眼于杜甫作为社会派诗人的一面。日文翻译为《杜甫 诗歌与生涯》(桥川时雄译,筑摩书房,1955。又筑摩书房,1977)。

《杜甫年谱》 四川省文史研究所编

通过时事、生活、作品三方面以编年的形式追寻杜甫的生涯。1958年由四川人民出版社出版。

《杜甫》 高木正一著

通过前半生"对贤人政治的憧憬"和后半生"漂泊之旅"两部分描写杜甫的生涯和文学创作的评传。1969年出版,收录于中公新书。

《李白与杜甫》 郭沫若著

本书为"文化大革命"时期出版社的读物,将杜甫作为反动诗人进行否定。虽然现在难以赞同其结论,然而其有趣的创意和尖锐的论述方法颇具启发性。1971年由人民文学出版社出版。日文翻译有须田祯一译本,收录于讲谈社文库(全二册,1976)。

《沉郁诗人 杜甫》 森野繁夫著

本书为《中国的诗人——他们的诗歌与生涯》十二卷系列中的一册,是以杜甫的代表作为中心的评传。

《目加田诚著作集》第七卷《杜甫的诗与生涯》

本书以杜诗的代表作为中心追寻杜甫生涯的轨迹。1984年由龙溪书舍出版。

《杜甫评传》 陈贻焮著

本书可以说是此前撰述的杜甫传记研究中最为详细的辛苦之作,长达1340页,详密地分析了杜甫的作品,细节性地追寻了杜甫的行动和心理。1982—1988年由上海古籍出版社出版。

《杜甫评传》 莫砺锋著

本书不仅认为杜甫是一名优秀的诗人,更将其定位为一名优秀的思想家,从其人生哲学、政治思想、文学及美学思想等方面对其进行综合评论,为《中国思想家评传丛书》的一册。1993年由南京大学出版社出版。

(4)研究专著

《杜甫研究》 黑川洋一著

本书由《文学上的考察》《作品研究》《杜甫与佛教》《杜诗的发现》《杜诗在日本》《杂考》六章组成,分别收录若干篇论文,为《东洋学丛书》的一册。1977年由创文社出版。

《杜诗论集》 吉川幸次郎著、兴膳宏编

本书收录了吉川幸次郎自20世纪40年代至晚年关于杜甫的34篇论文。1980年出版,收录于筑摩丛书。

《吉川幸次郎全集》第十二卷《杜甫篇》

收录了著者从京都大学退休之前撰写的与杜甫相关的全部文章。1968年由筑摩书房出版。

（5）唐诗诗法

《唐诗概说》 小川环树著

本书为《中国诗人选集》的别卷，1958年由岩波书店出版。收录于《小川环树著作集》第二卷，1968年由筑摩书房出版。后又于2005年收录于岩波文库。

《唐诗》 村上哲见著

1968年出版，收录于讲谈社学术文库。

上述两部书均在对唐诗的历史进行概述后，针对声律和语法进行解说。

（6）历史地理

《中国历史地图集》第五册（隋·唐·五代十国时期） 谭其骧主编，地图出版社，1982年

《唐两京城坊考——长安与洛阳》 清·徐松撰，爱宕元译注

本书从考证学的观点出发，对唐代的长安和洛阳两座都城进行复原。译注本更在近年来的考古发掘成果的基础上加以详细考察，在思考杜甫生活的时代的长安城街道的样貌时给人以极大的启发。收录于《东洋文库》，1994年由平凡社出版。

《游城南记／访古游记》 宋·张礼撰，明·赵崡撰，爱宕元译注

本书是关于长安城及其郊外古迹的记录，在考古发掘成果的基础上加以注释，特别对考察长安城周边地理时有所助益。2004年由京都大学学术出版会出版。

《中国名胜与历史文化》 葛晓音著

本书对中国各地的名胜加以历史性的考察,在与杜甫相关的遗迹方面亦可给人很多启发。1999年由北京大学出版社出版。

诗题目录

9 房兵曹胡马 ● 14 画鹰 ● 15 夜宴左氏庄 ● 16 陪诸贵公子丈八沟携妓纳凉晚际遇雨二首其一、其二 ● 20 郑驸马宅宴洞中 ● 23 九日蓝田崔氏庄 ● 24 崔氏东山草堂 ● 27 戏为六绝句 其五、其六 ● 29 贫交行 ● 31 自京赴奉先县咏怀五百字 ● 54 饮中八仙歌 ● 60 醉时歌 ● 68 兵车行 ● 75 石壕吏 ● 80 月夜 ● 81 对雪 ● 81 遣兴 ● 82 春望 ● 84 喜达行在所 其一 ● 85 羌村三首其一、其二、其三 ● 88 赠卫八处士 ● 93 哀江头 ● 98 曲江二首其一、其二 ● 100 曲江对酒 ● 103 秦州杂诗二十首 其一、其四、其七 ● 106 月夜忆舍弟 ● 107 初月 ● 108 乾元中寓居同谷县作歌七首 其一 ● 109 飞仙阁 ● 111 成都府 ● 114 赠李白 ● 116 赠李白 ● 117 春日忆李白 ● 119 梦李白二首其一、其二 ● 121 天末怀李白 ● 122 不见 ● 125 春夜喜雨 ● 127 蜀相 ● 128 江村 ● 129 绝句漫兴九首 其三、其四 ● 130 江亭 ● 131 进艇 ● 132 野人送朱樱 ● 133 客至 ● 134 茅屋为秋风所破歌 ●

138 闻官军收河南河北 ● 139 倦夜 ● 142 去蜀 ● 143 旅夜书怀 ● 145 返照 ● 146 夜 ● 147 秋兴八首 其一 ● 148 咏怀古迹五首 其二 ● 150 缚鸡行 ● 151 又呈吴郎 ● 152 秋野五首 其二 ● 152 登高 ● 154 岁晏行 ● 156 登岳阳楼 ● 158 江南逢李龟年 ● 159 小寒食舟中作

杜甫年谱

标有 * 的为与时事相关的记录。
本书收录的诗用"【】"标明其页码。

712年（玄宗先天元年） 一岁
* 八月，睿宗让位于太子李隆基，玄宗即位，改元先天。

本年正月一日，杜甫诞生于河南巩县（今河南省巩义市）瑶湾。父杜闲，母崔氏。父亲卒于天宝年间，母亲卒于杜甫幼年。杜甫的祖父为诗人杜审言。晋代春秋学者杜预（222—284）为杜甫的远祖。幼年丧母的杜甫由父亲的妹妹——叔母万年县君杜氏抚养。

713年（玄宗开元元年） 二岁
* 十二月，改元开元。

715年（开元三年） 四岁
此时杜甫身患重病，但在叔母的呵护下脱离了生命危险。

718年（开元六年） 七岁
开始作诗。

726年(开元十四年) 十五岁
出入王公贵族的沙龙,耳闻李龟年之歌。

731年(开元十九年) 二十岁
游历吴越(今江苏省、浙江省)之地,花费数年的时间周游各地。

735年(开元二十三年) 二十四岁
结束吴越之游返回洛阳,参加科举的地方考试,但没有考中。

736年(开元二十四年) 二十五岁
游历齐、赵(今山东省、河北省)。

741年(开元二十九年) 三十岁
《房兵曹胡马诗》【第9页】,《画鹰》【第14页】。

742年(天宝元年) 三十一岁
*正月,改元天宝。
抚养杜甫的万年县君杜氏卒。六月,葬杜氏于河南县,为其撰写墓志。

744年(天宝三载) 三十三岁
*正月,改"天宝三年"为"天宝三载"。

李白受高力士等人的谗言被逐出宫廷。

五月，祖母范阳太君卢氏（杜审言妻）卒于陈留郡。

八月，葬卢氏于偃师，为其撰写墓志。

秋，与李白、高适相识，同由梁、宋（今河南省）。

《赠李白》（五古）【第114页】、《赠李白》（七绝）【第116页】。

745 年（天宝四载） 三十四岁

游齐鲁，列席太守李邕宴席。后又与李白相会，同游之后分别，只身前往长安。

746 年（天宝五载） 三十五岁

与杨氏（司农少卿杨怡之女）结婚，定居洛阳。

往长安。《春日忆李白》【第117页】。

747 年（天宝六载） 三十六岁

参加为有特殊才艺者举办的考试，但遭到宰相李林甫的迫害，未能考中。

749 年（天宝八载） 三十八岁

＊六月，陇右节度使哥舒翰破吐蕃军石堡城，然而唐军死者数万。

750 年（天宝九载） 三十九岁

长子宗文出生。频访韦济等名士，谋求官职。

751 年（天宝十载） 四十岁

献上《三大礼赋》，受到玄宗认可，任集贤院待制（负责编纂图书）。此时创作了《饮中八仙歌》【第 54 页】、《兵车行》【第 68 页】、《贫交行》【第 29 页】等。

752 年（天宝十一载） 四十一岁

与高适、岑参等人同登慈恩寺塔，作诗。

＊十一月，李林甫卒，杨国忠任宰相。

753 年（天宝十二载） 四十二岁

次子宗武出生。

754 年（天宝十三载） 四十三岁

自数年前与郑虔交好。《醉时歌》【第 60 页】。生活贫困，将家人托付于奉先县（今陕西省蒲城县）的亲戚。

755 年（天宝十四载） 四十四岁

授河西尉，不受，改任右卫率府兵曹参军（从八品下）。

＊十一月，安禄山以讨伐杨国忠为名，于范阳（今北京市）发动叛乱。次年十二月攻陷洛阳。

十一月，安禄山叛乱之前离开长安，为探访家人前往奉先县。于奉先丧子。《自京赴奉先县咏怀五百字》【第 31 页】。

756年(天宝十五载,肃宗至德元年) 四十五岁

*正月,安禄山于洛阳即位,国号称燕。

五月,与家人一道,投奔母亲一方的叔父崔少府,移居白水(今陕西省白水县),七月又移居更北的鄜州(今陕西省富县)。

*六月,玄宗奔蜀。宰相杨国忠于中途的马嵬驿被杀,玄宗赐死宠妃杨贵妃。

*七月,太子李亨于灵武(今宁夏回族自治区)即位,改元至德。

*十月,房琯军于陈涛斜大败。

*十二月,永王璘起兵讨伐贼军,被认定为叛乱。

李白被招入永王幕下。

757年(至德二载) 四十六岁

*正月,安禄山被子安庆绪杀害,安庆绪即位。

*二月,永王璘兵败。

李白被捕,下狱浔阳(江西省九江市)。

三月,于长安继续幽闭度日。《春望》【第82页】,《哀江头》【第93页】。

四月,从贼军占领下的长安脱身,奔赴凤翔(今陕西省宝鸡市凤翔区)。《喜达行在所》【第84页】。

五月,功绩被认可,授左拾遗(从八品上)。是月,为被罢免宰相的房琯辩护,触怒肃宗,险些降罪,但由于宰相张镐求情,保留了官职。

闰八月，前往鄜州探望家人。《北征》【第44页】,《羌村》三首【第85页】。

＊九月，郭子仪等人于各地破安庆绪军，夺回长安。

＊十月，肃宗自凤翔返回长安。

十一月，与家人一道返回长安。郑虔自洛阳返回长安，与杜甫再会。李白被流放夜郎。

＊十二月，玄宗自蜀返回。

十二月，郑虔因出仕伪政权被问罪，流放至台州（今浙江省台州市）。

758年（乾元元年） 四十七岁

春，在长安，常游曲江。《曲江》二首【第98页】,《曲江对酒》【第100页】。

五月，岑参任虢州刺史，高适任彭州刺史，相继离开长安。

六月，随房琯左迁，降职华州（今陕西省渭南市华州区）司功参军。

秋，《九日蓝田崔氏庄》【第23页】,《崔氏东山草堂》【第24页】。

冬，自华州赴洛阳。李白在前往夜郎途中遇赦免罪。

759年（乾元二年） 四十八岁

＊三月，郭子仪等九节度使军与安庆绪军交战失败。

＊史思明杀安庆绪，四月，即帝位，国号仍称燕。

春，自洛阳返华州。途中，经新安、石壕、潼关，亲眼见到了备受战争折磨的百姓，作"三吏三别"六首【第40页】。《赠卫八处士》【第88页】。

七月，关中一带遭遇大规模饥荒。辞官，举家离开华州，前往秦州（今甘肃省天水市）。一度欲于秦州郊外修筑草堂，后放弃。《秦州杂诗》二十首【第103页】，《月夜忆舍弟》【第106页】，《初月》【第107页】，《梦李白》二首【第119页】，《天末怀李白》【第121页】。

十月，离秦州，前往同谷（今甘肃省成县）。《乾元中寓居同谷县作歌》七首【第108页】。生活日渐贫困。

十二月，离同谷，沿蜀栈道前往成都（今四川省成都市）。年末，抵达成都，暂居西郊寺中。《飞仙阁》【第109页】，《成都府》【第111页】。

760年（上元元年） 四十九岁

春，于成都西郊浣花溪所得土地修筑草堂。寻访武侯祠。《江村》【第128页】，《蜀相》【第127页】。

九月，高适任蜀州刺史，得以再会。

761年（上元二年） 五十岁

*三月，史思明被子史朝义杀害，史朝义即帝位。

春，游成都西南新津县，寻访修觉寺等处。大部分时间在草堂平静度日。《春夜喜雨》【第125页】，《绝句漫兴》九首【第129页】，《江亭》【第130页】，《进艇》【第131页】，《野人送朱樱》【第132页】，《客至》【第133页】，《不见》【第122页】。

七月，王维卒。

八月，草堂被风雨破坏。《茅屋为秋风所破歌》【第134页】。

冬，高适到访草堂。

十二月，严武到任剑南节度使、成都尹。生活上受到严武庇护。

762年（代宗宝应元年） 五十一岁

＊四月，玄宗、肃宗相继而卒。代宗李豫即位，改元宝应。

七月，严武任京兆尹、御史大夫，前往长安。送严武至绵州（今四川省绵阳市）。严武之前的部下剑南兵马使徐知道发动叛乱，成都地区治安恶化，故前往梓州（今四川省三台县）避难。八月，徐知道为部下所杀。

冬，返成都，与家族一道再度前往梓州。

十二月，赴射洪县（今四川省射洪市）寻访陈子昂故居。又赴通泉县（今四川省通泉镇）。

冬，李白卒。

763年（广德元年） 五十二岁

＊正月，史朝义败于官军，自杀。安史之乱告终。

暂居梓州，得闻安史之乱平定的消息，大喜。《闻官军收河南河北》【第138页】。欲返回洛阳，未果。自春至秋，先后前往汉州（今四川省广汉市）、阆州（今四川省阆中市）。冬，返回梓州。

＊十月，吐蕃军入侵长安，一时占领首都。代宗逃亡至陕州

(今河南省三门峡市)。郭子仪征讨吐蕃,夺回长安。

764年(广德二年) 五十三岁

二月,严武再度任剑南节度使、成都尹。三月,与家人一道返回成都草堂。

六月,严武任命杜甫为节度参谋、检校工部员外郎。

秋,《倦夜》【第139页】。

冬,郑虔卒于台州。

765年(永泰元年) 五十四岁

正月,辞任严武幕僚,返回草堂。是月,高适卒。

四月,严武卒。

五月,结束蜀地生活,自成都沿岷江乘船而下。《去蜀》【第142页】。

六月,经戎州(今四川省宜宾市)、渝州(今重庆市),至忠州(今重庆市忠县)。《旅夜书怀》【第143页】。

九月,至云安(今重庆市云阳县)。因健康状况不佳,于此地逗留约半年。

766年(大历元年) 五十五岁

暮春,自云安出发,前往夔州(今重庆市奉节县)。之后,于此地度过近两年的时光。《返照》【第145页】,《夜》【第146页】,《秋兴》八首【第147页】,《咏怀古迹》五首【第148页】。

767 年（大历二年） 五十六岁

三月，移居夔州郊外瀼西，秋，又移居东屯，致力农耕。《又呈吴郎》【第151页】,《秋野》五首【第152页】,《登高》【第152页】。

768 年（大历三年） 五十七岁

正月，离夔州，沿长江顺流而下前往江陵（今湖北省荆州市）。三月，至江陵。与弟杜观、表弟杜行再会。

秋，沿长江顺流而下至公安（今湖北省公安县）。

冬，继续沿长江顺流而下，至岳州（今湖南省岳阳市）。《岁晏行》【第154页】,《登岳阳楼》【第156页】。

769 年（大历四年） 五十八岁

春，离岳州，入洞庭湖，沿湘水逆流而上至潭州（今湖南省长沙市）。稍作逗留后，投靠衡州刺史韦之晋，前往湘水上游的衡州（今湖南省衡阳市），然而韦之晋已离任。再度返回潭州。健康状况愈加恶化。

770 年（大历五年） 五十九岁

三月，逢李龟年。《江南逢李龟年》【第158页】,《小寒食舟中作》【第159页】。

四月，湖南兵马使臧玠以潭州为根据地发动叛乱。避乱入衡州。冬，欲继续沿湘水逆流而上，于耒阳（今湖南省耒阳市）病倒，卒于舟中。

杜甫相关地图

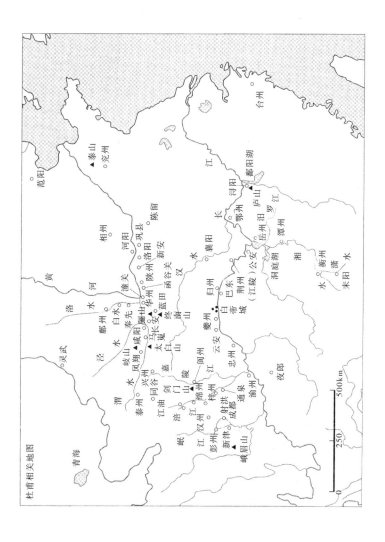

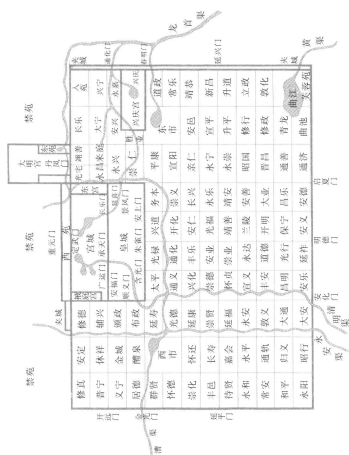

长安城图（徐松《唐两京城坊考》平冈武夫编《唐代研究指南第七·长安和洛阳》（京都大学人文科学研究所，1956）

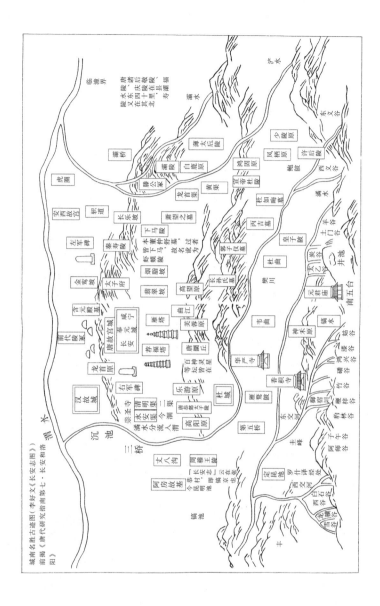

城南名胜古迹图（李好文《长安志图》）
前揭《唐代研究指南第七·长安和洛阳》

中国王朝名一览

此表仅作为阅读本书时的参考。关于战国时代的起始,存在前481年、前475年、前453年等多种说法,亦有说法认为清代始于1636年。

西周	前11世纪中期—前771年
东周	前770—前256年
春秋时代	前770—前403年
战国时代	前403—前221年
*前221年秦帝国成立以前称"先秦"	
秦	前221—前206年
汉	前202—后220年
西汉	前202—后8年
新	8—23年

东汉	25—220 年
三国（魏、蜀、吴）	220—280 年
晋	266—420 年
西晋	266—316 年
东晋	317—420 年
南北朝	420—589 年
*三国吴、东晋与南朝的四个王朝并称"六朝"	
隋	581—618 年
唐	618—907 年
五代	907—960 年
宋	960—1276 年
北宋	960—1127 年
南宋	1127—1276 年
契丹（辽）	907—1125 年
西夏	1038—1227 年
金	1115—1234 年
元	1271—1368 年
明	1368—1644 年
清	1616—1912 年 1 月 18 日